朝鮮総連に破産申立てを！

血税1兆円以上が奪われた

加藤 健

展転社

まえがき

本書を手にされた方の大部分は被害者である。朝鮮総連が傘下の朝銀を破綻させたため、日本国民は1兆3453億円もの公的資金を負担させられた。単純に割れば国民1人あたり1万円以上である。実際には幼児など納税していない国民もいるので、破綻時に仕事をして所得税や法人税を納め、日々消費税を払っていた方は相当額を負担させられている。何十万円も払わされた読者もいるだろう。私たち日本国民が額に汗して一所懸命働いて納めた金が、朝鮮総連の犯罪の尻拭いに使われてしまった。

安倍総理が国会で答弁した通り、朝銀破綻は「破綻することがわかっているにもかかわらず、後で預金保険機構あるいは公的資金が入ることを前提にどんどん貸していく、そして大きな穴をあけた結果なんですね」であり、「北朝鮮に金が渡るということを前提に貸し手側と借り手側が一体となっていた」のだ。北朝鮮に送金された金は核・ミサイル開発の資金となり、いま私たちの生命を脅かしている。米ジョンズ・ホプキンス大の研究グループによれば、北朝鮮が東京とソウルを核攻撃した場合、最大で死者210万人、負傷者770万人が出るという。払わされた金で、家族の命を危険にさらすハメになってしまった。

平成11年7月6日の衆議院大蔵委員会で、3100億円の資金投入を受けた朝銀大阪幹部の驚くべき証言が紹介された。

「預金を金正日に流したのだから逮捕を覚悟した、逮捕されたらすべてを語るつもりでいたが、だれも調査に来ず、来たのは預金保険機構からの3100億円の贈与であった、そして逮捕を免れた」。

まるで奇跡の体験談だ。世界中どこの国でも金融機関の預金を外国に流せば、重罪になることは間違いない。北朝鮮なら拷問のうえ銃殺刑だろう。ところが朝銀幹部は逮捕を免れただけでなく、調査さえ来なかったという。代わりに、私たち日本国民のお金3100億円が振り込まれてきたというのだ。

おかしな話は山ほどある。13の朝銀が一斉破綻した前月、そのうち9の朝銀から160億円が引き出されている。日本国民の金が入るとわかって、「どうせならもっと取ってやれ」と系列会社に流したのだ。預金保険機構と裁判所はこの行為を厳しく非難したが、結局国民の共有財産から払わされるハメになった。

こうした「功績」を高く評価され、朝鮮総連の元財政局長は歿後「共和国英雄」称号を授与された。1000円盗むとコソ泥だが、1兆円巻き上げると「英雄」か。

朝鮮総連は裁判所から支払いを命じられたが、無視して開き直っている。競売にかけられた本部ビルを事実上買戻して居座り、挑発行為まで行った。都内の100億円の土地のほか各地に不動産を保有し、保険会社や通信社なども経営するが、返済には一向に応じない。

朝鮮総連は自ら認める通り、北朝鮮の事実上の大使館である。国内で様々な工作活動を行い、日本人拉致には構成員が直接関与している。騙して北朝鮮に送った日本人妻の一部は、強制収容所で殺された。遺体はゴミのように捨てられている。

朝鮮総連の前身はテロ組織である。戦後の苦しかった時代、日本国民に襲いかかってきた。当時の読売新聞には「三万人のテロ団」「赤い朝鮮人に食われる血税」「日本のアヘン戦争密造元は大半〝北鮮系〟」といった見出しが躍っている。吉田茂首相は「好ましからざる朝鮮人は強制送還をぜひとも断行する」と答弁し、法務大臣は「不良朝鮮人を強制送還せよというのは国を挙げての世論といってよい」と記者会見で述べている。ところがいつの間にか、火炎瓶や棍棒で警官隊を襲った集団は「弱者」「被害者」ということになり、犯罪を批判すると「民族差別」と糾弾されるようになった。

朝鮮総連の高級幹部だった韓光熙《ハングァンヒ》氏は著書のなかで、「日本の当局と交渉するにあたっては、何かにつけて『民族差別』だの『過去の歴史』だのを持ち出してことさら猛々しく振舞い、理不尽な要求でものませようとする。そうすると、敗戦によって贖罪意識を植えつけられている日本人は決まっておとなしくなってしまうのだ」（『わが朝鮮総連の罪と罰』）と述べているが、理不尽な要求を呑まされたのは当局に限らない。

いま朝鮮総連は、北朝鮮国内での取材許可という「アメ」も使って、テレビ局を含むマスコミ各社への統制を強めている。あるマスコミ幹部は「北朝鮮関連のことを正しく報道しようと思ったら、まず社内と戦わないといけない」と苦渋の表情で語る。

私たち日本国民はルールを守り、信義誠実を重んじる。本書の読者層はその中核の方であろう。しかし信頼で成り立つ私たちの社会は、法の裏をかく無法者に弱い。徹底した悪意を持つ組織に、いいようにやられている。正直者が馬鹿を見ている。

これまで猛烈な抗議を恐れて、朝鮮総連についてほとんど語られてこなかった。本書では朝銀破綻から朝鮮総連の実態、そしてギャフンと言わせる秘策「破産申立て」について明らかにしたい。破産は拉致被害者救出のための強力な交渉カードとなる。そして売国議員の炙り出しやスパイ防止法制定にも資する。

日本国民はずっと泣き寝入りしてきた。それが70年も続いてきた。もう終わりにしようではないか。

なお、朝銀に関係する金額はマスコミに様々な数字が出ているが、本書では金融庁や預金保険機構が作成した文書、裁判所の判決、国会答弁を基準とした。また肩書は、基本的に事件当時のものとした。

目次

朝鮮総連に破産申立てを！——血税１兆円以上が奪われた

カバーデザイン　古村奈々＋Zapping Studio
カバー記事　国立国会図書館所蔵

第一章　血税1兆円以上を奪った朝銀とは

想像を絶する巨額の被害

粛清や飢餓で数百万人を殺害したヨシフ・スターリンは、「一人の死は悲劇だが、百万人の死は統計にすぎない」といったとされる。実はこの有名な言葉は、出所がはっきりしない。しかし自国民200万人以上を飢餓で殺し、十数万人を地獄の強制収容所に監禁する北朝鮮と、日本の出先機関・朝鮮総連が、同じ原理で得していることは間違いない。

朝鮮総連が朝銀を破綻させたため、日本国民が負担させられた公的資金は1兆3453億円である。本当に巨額のお金であることは誰でもわかる。天文学的数字といっていいだろう。しかしこの規模のお金を、実感をもって把握できる人は国全体でほんの一握りだ。財務省の官僚か都銀の役員クラスくらいだろうか。仕事で兆単位のお金を扱わないかぎり、なかなか感覚は養われない。

実感が摑めないことが、問題の重大さを覆い隠してきた。スターリンがいうように、被害金額が無味乾燥な統計数字になってしまったのだ。多くの国民にとって、関係のない別世界の話になっている。するとなかなか怒りが湧いてこないのだ。

もしも被害金額が身近だったら、国民が激怒していたことは間違いない。たとえば町内に、仕事もせずロケット弾発射装置を作っている極左過激派の男がいたとする。「日帝センメッ！」などと叫びながら、ほかの住民に敵意を剥き出しにしている。その男が破産状態になったので、町内会積立金から１３４万円援助することになったらどうだろう？　おそらくほとんどの住民は、「そんな話は筋が通らない。自業自得じゃないか。だいたい金を出したらテロ資金提供になってしまう。絶対にダメだ」と反対するはずだ。ところが町内会有力者が勝手に１３４万円出してしまった。そのあと過激派の男はいっこうに返済しないのに、町内に立派な家を建てたらどうだろう？　一般の主婦でも「ふざけるな！」と激怒して、過激派の豪邸に怒鳴り込むのではないだろうか？

朝銀への公的資金投入は、このたとえ話以上に筋が通らない。しかも金額は、１３４万円の１００万倍である。事の規模・重大性は、文字通り桁違いである。本当に6桁違うのだ。作られたのはチャチなロケット弾発射装置でなく、広島に投下された原爆の10倍以上の威力があるとされる水爆である。北朝鮮の朝鮮アジア太平洋平和委員会は平成29年9月14日の声明で、「日本列島は核爆弾により海に沈められなければならない。日本はもはやわが国の近くに存在する必要はない」と威嚇した。私たちの税金に助けられ、北朝鮮は日本人数十万人を殺害する能力を得てしまったのだ。

１兆３４５３億円の規模をわかりやすく伝えるのはなかなか難しい。そこで東京都中央区にある警視庁のポリスミュージアム（警察博物館）の展示を引用したい。全国における特殊詐欺（オレオレ詐欺など）の被害総額は、平成26年が過去最高で約５６０億円だった。博物館の「被害総額５６０億円ってどのくらい？」というパネルには、「金額を比較してみると」とのことで、次の数字が記されていた。

・ドーム型スタジアム建設費約５００億円
・ジャンボジェット機購入約４５０億円
・スペースシャトル打ち上げ費用約５４０億円
・姫路城築城費用が現在の換算で約５００億円

むろんたいへんな金額であり、特殊詐欺は許しがたい。しかし1兆３４５３億円は、被害総額５６０億円の24倍である。

現金１００万円の束を積み上げると、５６０億円で５６０メートルになるとの解説もある。つまり1億円あたり1メートルだ。1兆３４５３億円なら13・４５３キロになる。不動産広告は徒歩1分を80メートルで表示する決まりだが、それで計算すると徒歩１６８分の距離である。私たち日本国民が払わされた札束を横に並べると、端から端まで見るのに2時間48分も歩かないといけない。１０００万円の札束（10センチ）さえ見る機会がない一般人にとって、札束が延々と13キロも並ぶ光景は想像もつかない。

お札が重すぎて困った経験はおありだろうか？　1万円札1枚は約1グラムである。１００万円で１００グラム、1億円でも10キロなのだから、重すぎて困ったことがある方は相当なお金持ちである。ところが朝鮮総連に払わされたお金は134・5トンにもなるのだ。町でよく見かける軽トラックは最大積載量350キロである。軽トラックを借りてきて、札束を350キロ（35億円）ずつ運ぶとしたら、385回も往復しないといけない。

無駄遣いの象徴といえば歓楽街での大豪遊だろう。放蕩を例に考えてみたい。バブルの頃、夜の銀座や赤坂、六本木で一晩何百万円も使う人がいた。高級クラブをはしごし、ボトルを次々とあけ、ホステスにチップをバラ撒き、湯水のように金を使うのだ。平成28年に日教組委員長がホステスと不倫し、クラブやキャバクラで一晩に数十万円も散財していると『週刊新潮』がすっぱ抜いたが、バブル紳士の放蕩は労働貴族より1桁上だった。バブルの頃は狂っていた。

もしも一晩500万円の大豪遊を続けるとして、朝鮮総連に払わされた金額を使い切るのに何年かかるか計算してみたい。計算しやすいように、土日もクラブ街に繰り出すことにする。1週間で3500万円、1ヶ月で1億5000万円を使うことになる。

電卓を叩いていただければわかるが、1兆3453億円を使い切るには737年かかるのだ。毎月1億5000万円も散財しても、7世紀以上かけないとなくならない。それほど巨大な金額である。

今から737年前といえば鎌倉時代の元寇の頃だ。元を撃退した勇士たちに大盤振る舞いするところから始めて、楠木正成が後醍醐天皇のため戦っていたときも、応仁の乱のときも、戦国時代に入っても、江戸時代の飢饉のときも毎日500万円使い続け、幕末の京では尊攘志士たちに奢り、第一次世界大戦後は戦争成金に負けないように無駄遣いし、昭和の終わりにはバブル紳士からも「あの人には到底かなわない」といわれ、やっと今年使い切れるのだ。30世代くらい必要だろうか？

もしもあのお金があれば、地方の老人がどれほど助かっただろうと思わずにはいられない。現在、地方、特に過疎地域における医師不足が深刻な問題となっている。田舎のおじいちゃん、おばあちゃんが、なかなか医療を受けられないのだ。もしも年俸1500万円で医師を募集したなら、朝銀に投入したお金で医師89668人に10年間給料を支払うことができた。もし30億円で病院を建てるなら、448施設も作れた。問題は解決できていたかも知れないのだ。しかし、代わりに作られたのは、北朝鮮の核・ミサイル開発施設だった。

朝鮮総連が支配する金融機関

朝銀は、朝鮮総連構成員のために各地に設立されていた北朝鮮系金融機関である。朝銀東京（破綻・2319億円投入）、朝銀愛知（破綻・1090億円投入）など、朝銀と地域名を組み合わせた商号の信用組合が最盛期に38あった。公安調査庁によれば、38朝銀信組のうち16信組の理事長が朝鮮総連の中央委員を兼ねていた。

一般に「朝鮮銀行」といういわれ方をするが、銀行業の免許は受けていない。中小企業等協同組合法に基づき都道府県知事の認可を得て設立された信用組合であり、それぞれが別個の法人格を持っていた。

上部組織は朝鮮総連の傘下団体・在日本朝鮮信用組合協会（朝信協）で、人事権を朝鮮総連に握られていた。朝信協は会長と前会長が背任罪で逮捕され、平成14年に解散している。警察庁の国会答弁によれば各地の朝銀は、朝信協の定款、規定および諸決定事項に従うことが義務づけられていた。上意下達の関係にあったのだ。

上田清司議員（現埼玉県知事）は平成12年3月29日の衆議院大蔵委員会で、朝銀のもともとの本部は北朝鮮の朝鮮労働党にあり、その下にある朝鮮総連が朝信協を指揮下に置き、朝信協が本店、各地の朝銀が支店のような関係ではないかと政府を質した。実際に上田議員のいう通りで、内部事情に詳しい人物は、「理事長といえども、実態は『支店長』の位置づけだった」と証言する。役員は各地の朝銀を転々とする「ローテーション人事」で、たとえば平成15年に業務上横領などで懲役2年6月の実刑判決を受けた朝銀東京の元理事長は、朝銀岐阜の理事長をやっていたとき抜擢されて東京に異動している。同じ年に背任罪で懲役3年執行猶予4年の有罪判決を受けた朝信協の李《リ》庭《ジョン》浩《ホ》元会長（最後の会長）は、大阪から和歌山、岡山へと異動したあと朝銀大阪理事長に就任し、キャリアの最後で頭取のような存在の朝信協会長になった。地域や職域に根差した普通の信用組合では考えられないことだ。全体が一つの組織でないと、ローテーション人事など無理である。

朝銀全体の預金総額は、破綻前の平成８年３月末で２兆５７１７億円あった。規模的には地方銀行レベルである。たとえば明治11年に設立された四国銀行は、四国を中心に１１５の店舗を持ち、四国の経済界で重要な位置を占めるが、平成29年３月末の総預金残高が２兆６２０３億円である。朝銀は信用組合といっても、「朝鮮銀行」の通称に近かったのだ。

大きな違いは、地方銀行が大蔵省や金融監督庁（現金融庁）の監督下にあったのに対し、朝銀は都道府県に責任があったことだ。朝鮮総連が支配するような金融機関に、都道府県が十分な監督を行えるはずがない。また都道府県の監督権限は認可した法人にしか及ばず、「本店」である朝信協やその上の朝鮮総連には手も足も出ない。朝銀がやりたい放題だった背景には法律上の問題があった。結局平成12年４月に、全ての信用組合の検査・監督権限が都道府県知事から国に移管された。

朝銀は朝信協だけでなく、「学習組《がくしゅうそ》」をも通して朝鮮総連の支配下にあった。警察庁は平成14年10月29日の衆議院安全保障委員会で「学習組は、朝鮮総連とその関連団体の中に組織をされておりまして、北朝鮮に絶対の忠誠を誓う非公然組織であります。警察といたしましては、公共の安全と秩序の維持という責務を果たす観点から、この学習組につきましても、重大な関心を持って情報収集を行っております」と答弁している。北朝鮮に絶対服従の秘密組織で、危険だから監視しているというのだ。

学習組の規模については、平成11年7月6日の衆議院大蔵委員会で公安調査庁が「現在、学習組員数は五千人とみております」と答弁している。平成11年時点で５０００人というのは相当な人数である。警察庁組織犯罪対策部が出している『平成29年における組織犯罪の情勢』によれば、29年末の六代目山口組の構成員は４７００人、神戸山口組は２５００人、住吉会は２９００人、稲川会は２３００人である。

学習組は朝鮮労働党の日本支部のようなもので、朝鮮総連を実質的に支配する裏組織である。傘下の団体や事業体にそれぞれ学習組があり、北朝鮮に忠実だと認められた者だけが加入を許された。昭和30年代に朝鮮総連中央本部財政委員を務めたあと内部告発した関貴星（旧名・呉貴星）氏の著書『楽園の夢破れて』によれば、昭和36年に学習組の改編がおこなわれ、共産主義の学習グループから非合法地下活動のための組織となった。元学習組員で、現在は朝鮮総連を厳しく批判するコリア国際研究所所長の朴斗鎮《パクトゥジン》氏は著書『朝鮮総連』のなかで、『学習組』は人間の体にたとえると神経のようなものである。人間の諸器官は脳からの指令を神経を通じて受け取っている。神経はレントゲンでは写らない。朝鮮学校や朝銀など、朝鮮総連傘下のさまざまな組織は、『神経』である『学習組』を通じて支配されているが、その痕跡をつかむことは難しい。重要な指示は口頭で伝達され、文書に残らない」と説明する。その存在は一般の朝鮮総連構成員にも秘密で、選ばれて秘密組織に入ったという優越感は忠誠心を高める働きもした。各職場の学習組は秘密集会を開き、「党の唯一思想体系確立の10

大原則」を暗唱したり、金日成の著書について何時間も討論したりした。さらに自分の生活態度に忠誠心に欠ける部分があったと自己批判させ、それをほかの参加者に糾弾させることも集会の重要な目的だった。

朝鮮総連中央本部財政局副局長まで出世した元組員の韓光熙氏は、著書『わが朝鮮総連の罪と罰』で学習組について詳しく述べている。この本はジャーナリストの野村旗守氏が聞き取って構成したもので、信頼性が高い第一級の資料である。過去に国会審議で何度も引用されている。本書でも繰り返し引用したい。

韓光熙氏は、朝鮮総連が同胞の在日コリアンに害しかもたらさなかったと真摯に反省し、命懸けで内部告発した人物である。著書によれば、朝鮮総連の機関紙で「変節者」と糾弾された5日後に危険な目に遭っている。友人と軽くビールを飲んだあと、JR山手線の御徒町駅のホームに立っていたときのことだ。電車が飛び込んでくると同時に、3人組の男たちに背中を押された。男たちは逃げて、犯人は不明である。

ちなみに筆者の知人の大学教員も、朝鮮総連を非難する記者会見を開いたしばらく後に轢き逃げされている。この事件は警察が捜査したが、犯人は逮捕されていない。轢き逃げの検挙率は高く、死亡事故に限っていえば9割を超えるので不可解である。事件の何年か後に知人と一緒に別件で警察に行ったら、実直そうな警部さんが申し訳なさそうな表情だった。

拉致被害者救出のため活動する「救う会埼玉」の竹本博光代表は平成23年2月、さいたま市長に面会して朝鮮学校への補助金停止を求める直前に、何者かに自宅前に発煙筒を置かれた。発見が遅れたら、火が燃え移って火事になるところだった。竹本代表は極左暴力集団のテロに憤りを覚えた中学生の頃から40年以上活動しているベテランで、国学院大学在学中は命を狙われた経験もある。発煙筒はやる気の炎を燃え上がらせただけだった。

証拠を基に事実認定する本書では、これらの事件の犯人を推測しない。わからないとだけ記しておく。

さて晩年に目を覚ました韓光熙氏だが、若い頃は朝鮮総連が正しいと信じて突っ走っていた。学習組員に推薦された青春の日のことを、次のように述懐する。

扉が閉まるなり、委員長が厳かな口調で言った。

「韓光熙同務、これから我々が話す内容は、たとえ家族に対してでも秘密にしなければならない」

突然何を言い出すのかと思ったが、その場の空気は、これから何かとてつもなく重大なことが起こるだろうということを悟らせるのには十分だった。私は思わず身を固くして「はい」とひと言だけ答えた。

「韓光熙同務、君を学習組員に推薦する」

何のことかさっぱり事情が飲み込めない私は、ただ戸惑うばかりであった。

「学習組……？」

ただ呆然と、幹部たちの顔を順繰りに見つめながら私は呟いたと思う。

「ここは日本だから学習組という言葉を使うが、じつは栄光ある朝鮮労働党の在日非公然組織のことだ。つまり、我々は君を朝鮮労働党員に推薦しようというわけだ」

車組織部長が言った。

労働党員といえば、選び抜かれた朝鮮民主主義人民共和国の精鋭であり、金日成元帥の忠実な戦士であるといつも聞かされていた。その党員に、まだ二十歳にもなっていないこの私が……。しかし、幹部たちは、支部時代から今日にいたるまでの私の働きぶりをつぶさに観察したうえで、君なら大丈夫だ、推薦に値する、と言ってくれた。あまりに突然で、そしてあまりに光栄で、私は自分がかすかに身震いしているのを感じずにはいられなかった。

入党のためには二名の保証人が必要とのことであったが、これには車部長と県本部副委員長がなってくれた。（『わが朝鮮総連の罪と罰』）

学習組員、すなわち朝鮮労働党員になる前に、韓光熙氏は朝鮮総連の研修施設・中央学院で3ヶ月間の合宿生活を送っている。後に6ヶ月コースも受講した。これが徹底した洗脳である。朝鮮労働党の歴史や金日成の偉大性を学ぶとともに、「総括」を行う。受講者につまらない規則違反を自己批判させたあと、ほかの受講者が「恥を知れ！」「金日成将軍に謝れ！」「お前のような人間がいるから日本人に見下されるのだ！」と徹底的に罵倒する。総括はたいてい講義が終わった午後5時に始まり、深夜にまで及ぶこともある。明け方までやっていることもあった。1人の活動家に対して、通常1週間くらいぶっ続けでやる。皆の前で泣き出すまで、執拗に吊るし上げて精神的に追い込むのだ。発狂寸前までいく者も出てくる。人格を破壊し、疲れ切った心にイデオロギーを植え付ける典型的な洗脳の手法である。連合赤軍が同じ「総括」の名のもとに、次々と仲間を殺す事件を起こしたとき、朝鮮総連の活動家はなにが起こっていたか、ただちに理解できたという。

韓光熙氏はいう。「こうして、六ヵ月間が終わったころには完全な思想改造ができ上がり、頭のなかは金日成主義一色になってしまう。つまり、幹部養成機関といえば聞こえがいいが、ようするに中央学院とは総連活動家の洗脳工作機関のことである。そこで学ぶと、他のことは一切見えなくなってしまうのだ。北朝鮮に盲従する総連ロボットの完成である」。

研修の最後のころになると、全員が朝の4時か5時には起きだして、庭のあちこちでブツブツいいながら金日成の著書を読んでいた。カルト集団である。

いっぽう『朝鮮総連工作員』の著者で、約20年間工作活動に従事したあと深く反省して内部告発した張龍雲《チャンヨンウン》氏は、この徹底したイジメともいうべき研修を途中で抜け出している。このままいれば自我が完全に破壊されると思い、暴力的手段に訴えてでも中途退学すると宣言し、強引に引き返したのだ。研修では自殺者も出たと書いている。

現在でも、この思想総括はいわゆる「マインドコントロール」の最たるものであり、民主主義とはとうてい相いれない、むしろ武器より恐ろしいものであると思っている。活動家の中にも、思想総括の結果、自殺者も出たし、精神を侵されて、入院した者もいる。

また完全に社会常識が逆転してしまい、依然として金日成の亡霊にしがみついて、北の軍事独裁政権を最も優れた民主国家であると主張している人も多い。（『朝鮮総連工作員』）

北朝鮮は国をあげて洗脳を行っている。本国では生活総和と呼ばれている。現在日本で暮らす脱北者は、生活総和は辛かったと振り返る。まず自己批判する材料を探すのが大変なのだ。当たり障りのないネタを探して自己批判しないと、反逆者扱いされて強制収容所送りになりかねない。アメリカ国務省が毎年出している国別人権報告書によれば、誤って金正日の写真がある新聞紙の上に腰かけただけで、強制収容所に送られた人もいるほどだ。そこで、「家にある金日成将軍の肖像画の上に埃がかかっていた。本当に申し訳ない。恥ずかしい」といった作り話をする。それをほかの参加者が、激しい言葉で罵倒する。すると腹が立つので、ほかの参加者が自己批判するとき仕返しで厳しく糾弾する。憎しみの連鎖のなかで洗脳するとともに、反抗の芽を摘む陰湿極まりない仕掛けなのだ。「性格の優しい日本人には到底耐えられないだろう」という。

死ぬ寸前まで子供を殴り続ける

在日コリアンの人材コンサルタント・辛淑玉《シンスゴ》氏によれば、日本の朝鮮学校でも総括が行われていた。自身が受けた総括について『不登校新聞』で述べている。

　私は、小学校三年生から中一まで、朝鮮学校に行っていたのですが、一番学校に行かなかったのは、そのあいだです。当時、朝鮮学校では「反日本帝国主義・反アメリカ帝国主義」の教育が盛んだった。そうすると、日本の学校から来た子は敵国から来たようなもので、いじめの対象にもなるし、思想的に問題があるともされた。まず、みんなは朝鮮語を話しているのに、私は話せない。「総括」の時間というのがあって、先生が「今日、日本語を話した人」と聞くんですね。すると、さっきまで一緒に遊んでいた子が、手のひらを返したように、私が日本語を話していたことを先生に言う。私は自己批判をさせられて、「私の思想信条は、たいへん悪いものでした」と言わされる。それが毎日、続くんですね。反発をしたり、異議申し立てをしたりする者は「頭がおかしい」とされてしまう。あるとき、暴力的なことがあって、私は「殺される」と思い、学校に行かなくなった。

「殺される」と思った暴力について、辛淑玉氏は著書『せっちゃんのごちそう』や、ネット上に掲載されている手紙で明らかにしている。朝鮮学校中級部（中学校）2年生のときのことだ。実家の経済事情で革命キャンプに参加するお金がないと教師にいったところ、思想が悪いからだとされて、「個人談話室」に呼ばれた。教師たちはまず音が外に漏れないように窓を布団でふさいだ。そして数人がかりで代わる代わる殴りつけたのだ。辛淑玉氏は背骨が2本ずれて、歩くのも不自由になった。殺される前に逃げようと決意し、家出して親戚の家に転がりこんだ。

辛淑玉氏の弟が受けた暴行は、さらに凄惨なものだった。朝鮮学校の革命キャンプに行った弟が、教師たちに殴られて、意識不明のまま家に届けられた。包帯でぐるぐる巻きの姿である。家族の心痛は察するに余りある。病院の医師は電話で「あと牛乳瓶一本分血が出ていたら死んでいました。警察に届けたほうがいいです」と勧めた。弟の頬は破れ、歯が外に見えていたという。周囲の人に聞いたところ、副校長をはじめ数人の教師が代わる代わる殴り、そのまま部屋に放置していたところ、血が隣の部屋まで流れ出てきて、あわてて病院に連れて行ったのだという。朝鮮学校側は当初、「この子が一人で転んだんです」とシラを切った。しかし事実を突きつけると、「あの子は思想が悪く不良だから」と供述を変えた。それでも悪いのは弟のほうだと言い張った。

辛淑玉氏が後年、弟と一緒にテレビを見ていたら、「日本人拉致事件を口実に朝鮮学校の生徒が嫌がらせを受けている」と告発する映像が流れた。よく見ると、生徒の人権を訴えていたのは弟にリンチを加えた教師だった。

洗脳は恐ろしい。無抵抗の子供を「思想が悪い」といって、死ぬ寸前まで殴り続けるような人間にするのだ。人としての基本的な良心さえ破壊してしまう。そんなロボットが、無垢な子供たちを洗脳して、新たなロボットを作る。悪の再生産である。

辛淑玉氏は朝鮮総連について、「在日を食い物にした組織として、生きている間は決して許さないと心に決めています。かつて、総連の関係者は、祖国に送る資金調達のために京都の朝鮮学校を売ろうとし、何度も私に仲介をするよう働きかけてきました。私は、もう終わったなと思ったものです。いったい、彼らが守りたかったものとは何だったのかと」と書いている。

死の威嚇をともなう掟

朝銀と朝鮮総連、学習組の関係は、法廷でも明らかになっている。平成10年に対北朝鮮貿易商社・東明商事の朴日好《パクイルホ》社長が、朝銀愛知の元副理事長に17億5000万円を横領されたとして、朝銀愛知に返還を求める訴訟を名古屋地裁に起こした。朴社長が裁判所に提出した朝鮮総連の内部資料が、『北朝鮮「対日潜入工作」』に掲載されている。基本的性格を定めた「学習組規定」は、独特の用語が並んでいて不気味である。

★学習組は、偉大なる首領・金日成元帥が組織し、親愛なる指導者・金正日同志が指導する在日朝鮮人金日成主義者の革命組織である。

★学習組は、在日朝鮮人のうち、敬愛する首領の永久不滅の主体思想と金日成主義でしっかりと武装して、偉大なる首領・金日成元帥と親愛なる指導者・金正日同志に忠誠を尽くし、社会主義祖国を熱烈に愛し擁護して、祖国統一をはじめとする総聯の諸般の愛国運動に模範的に参加する先進分子によって組織する。

★学習組の当面の目的は、わが民族の至上課題である祖国統一偉業を実現することにあり、終局の目的は、総聯を金日成主義化し、日本国における主体思想革命偉業の遂行に積極的に寄与することにある。

朴社長は裁判所に、17億5000万円を返済しない元副理事長が、朝銀愛知内にある複数の学習組を指導する学習組指導委員会の構成員であり、朝銀愛知を実質的に支配していたのが指導委員会だったことも説明した。

地裁および高裁は朝銀愛知の使用者責任を認めず請求を却下したものの、副理事長の行為は「朝鮮総聯の活動資金等の調達及び運用の一環として行われたもの」と認定した。つまり朝鮮総連の業務であると、裁判所が認めたのだ。また判決は学習組について、「被告(朝銀愛知)の幹部はすべて学習組員から登用されていた」「(朝銀愛知は)金融機関としての本来の業務のほかに朝鮮総聯の活動資金や北朝鮮に対する献金資金を調達する特殊任務を行っていた」とした。この裁判は国会質疑でも言及されている。

朝銀は、職員も組合員もほとんどが朝鮮総連構成員だった。特に職員は朝鮮総連の活動家(イルクン)である。そのため朝鮮総連の規約や北朝鮮刑法も、朝鮮総連が朝銀を支配下に置くことを助けた。

まず規約だが、第10条で「会員は、本会の諸般の決定事項を忠実に履行する義務がある」と定めている。上が決めたら、下は従えということだ。暴力団組織のような上意下達、トップダウンの組織形態である。サークルや町内会とは根本的に異なる。

北朝鮮刑法のほうは刑罰の威嚇を伴う。祖国反逆罪や民族反逆罪の最高刑は死刑である。民族反逆罪の構成要件である「帝国主義者たちに朝鮮民族の利益を売り渡す民族反逆行為」

はどうにでも解釈でき、恣意的に判断できるので、朝鮮労働党の力の源泉となっている。党の高級幹部は殺したい人をいつでも殺せるのだ。むろん罪刑法定主義からいえばムチャクチャであり、法治の名に値しない。

（祖国反逆罪）
第62条　公民が祖国を裏切り、他国に逃げたり、投降、変節したり、秘密を漏洩する祖国反逆行為をした場合には、5年以上の労働教化刑に処する。情状が特に重い場合には、無期労働教化刑又は死刑及び財産没収刑に処する。

（民族反逆罪）
第67条　朝鮮民族として帝国主義の支配の下、我が人民の民族解放運動と祖国統一のための闘争を弾圧したり、帝国主義者たちに朝鮮民族の利益を売り渡す民族反逆行為を行った者は、10年以上の労働教化刑に処する。情状が特に重い場合には、無期労働教化刑又は死刑及び財産没収刑に処する。

（在日本朝鮮人人権協会・朝鮮大学校朝鮮法研究会『朝鮮民主主義人民共和国主要法令集』）

韓国国籍への切り替えが進んでいるとはいえ、いまだ朝鮮総連構成員の多くは北朝鮮公民であり、北朝鮮刑法の適用を受ける。第8条は、「本法は罪を犯した共和国公民に適用する。

共和国領域外で罪を犯した共和国公民に対しても本法を適用する」と明確にしている。日本に祖父の代から住んでいても適用対象なのだ。むろん北朝鮮当局が日本国内で公然と逮捕状を執行することはないが、日本国民を拉致するような犯罪国家だ。金正日の長男だってマレーシアの空港で暗殺された。金正恩の叔父の張成沢は、機関銃弾で粉々にされたあと火炎放射器で焼かれたと伝えられている。十分な威嚇力を発揮する。

ちなみに北朝鮮刑法は、有事の際に激烈に行動する義務を定めている。「形の上でだけ執行した者」は罰せられる。米朝間で軍事衝突が起きて体制存続が危なくなったとき、国防委員会から「各々は命を捨てて全力を尽くせ」といった指示が出されるだろう。そのとき東京の首相官邸前で「アメリカに協力するな」と抗議する程度では、「形の上でだけ執行」した犯罪行為といわれるのではないか？

（決定、命令、指示執行怠慢罪）

第73条　国防委員会決定、命令、指示を適時に、正確に執行しなかったり、形の上でだけ執行した者は、2年以下の労働鍛錬刑に処する。

②　前項の行為を数回した場合には、5年以下の労働教化刑に処する。情状が重い場合には、5年以上8年以下の労働教化刑に処する。（同）

政府は平成30年3月2日、「政府としては、北朝鮮工作員による様々な活動を想定し、関係機関が連携して、国民の生命、身体及び財産を守るために必要な対策を進めているところである」との答弁を閣議決定した。これは逢坂誠二議員が提出した「北朝鮮のスリーパーセルの活動に関する質問主意書」に答えたものだ。激烈行動義務を負った者が国内に多数いる以上、十分な対策が求められる。

朝鮮総連の統制力の背景には、北朝鮮当局による「人質」を使った揺さぶりもあった。朝鮮総連構成員の相当部分は北朝鮮に帰国した親族や親戚を持つ。この人たちを巧妙に利用するのだ。取材に応じてくれた朝鮮総連を離れた人物によれば、北朝鮮の親族から血で署名した手紙が届いたという。内容は平穏で、「どんな役職でもいいから、総連の組織で役割を果たしてほしい。（筆者注：朝鮮総連末端組織の）分会の分会長でもいい。とにかく役割を担ってほしい。そうすれば我々は共和国で肩身の狭い思いをせずに暮らせる」といったものだ。揚げ足をとられない文章になっている。脅迫ととれる文言は一言も入っていない。しかし署名は血である。わざわざ体を切って血を出して書いているのだ。朝鮮総連から気持ちが離れつつあった日本在住の親族は、何を意味するか一瞬で理解する。

第二章

金融当局の呆れた対応・親北議員の暗躍

あまりにも杜撰な血税投入

一連の朝銀破綻は、平成9年5月14日の朝銀大阪破綻から始まった。昭和30年に設立された朝銀大阪信用組合は、平成9年8月末時点の総資産が5246億円だったが、このうち回収不能または無価値と判定された資産が2551億円あった。5246億円中2551億円が回収不能。つまり資産の約半分をなくしてしまったのだ。もう放漫経営というレベルでない。犯罪といっていい。

破綻の2週間後、5月27日の衆議院決算委員会で大蔵省は、「抜本的な処理方策の取りまとめについて協力している次第でございます」と答弁している。大蔵省は前述の朝信協と協議し、近畿圏にある朝銀京都、朝銀滋賀、朝銀奈良、朝銀和歌山、朝銀兵庫の5つを広域合併して「朝銀近畿信用組合」という受け皿をつくり、破綻した朝銀大阪の事業を譲渡して、預金保険機構が資金援助するスキームを作り上げた。毎日新聞によれば、平成8年12月初旬に朝信協の李範洛《リボムラク》会長（のちに背任罪で懲役3年執行猶予5年の有罪判決）が大蔵省を訪ねて協議し、翌1月下旬に「預金保険のお世話にならざるを得ない」と伝えている。むろん大蔵省が朝信協と協議したのは、このときだけではない。

大蔵省は投入される公的資金について、「大体の感じで言いますと、二千億前後ではないかというふうに考えております」と答弁した。ところが翌年に投入されたのは3100億円（最終金額）だった。国会で答弁した想定金額の1・5倍以上で、１１００億円も多かったのだ。当然のことながら１１００億円は大金である。全国の信用組合の過半数は預金量が１１００億円に満たない。たとえば東京都の職員が加入する東京都職員信用組合の預金残高は、29年9月末で７４４億円だった。巨額の開きが出たのだ。

「まえがき」で書いたように、朝銀大阪元幹部は預金を金正日に流したのだから逮捕されると覚悟していたところ、調査さえ受けず、３１００億円が振り込まれてきたと証言している。小池百合子議員が平成11年に衆議院大蔵委員会質疑で紹介したものだ。

これについて金融監督庁は、大阪府の検査が平成9年9月25日から実施されたと答弁している。ところが答弁の直後に、驚くべき一言を付け加えている。「私ども直接の監督官庁ではございませんので必ずしもその詳細は把握しておりませんけれども、資産の確定の検査という意味では適切に実施されたというふうに承知をいたしております」。よくわかんないけど、ちゃんとやったと思うよといっているのだ。全部大阪府任せである。そして大阪府の清算検査をもとに国民の金を出したという。

小池議員がさらに架空口座や仮名口座について審査、検査は行ったのかと質問すると、「そこはそれほど主力を置いたことはありません」と正直に認める。金を払わされる日本国民からすれば、「なんだよそれ」である。預金保険機構が破綻処理するとき、架空・仮名・借名等の預金は保護しないことになっている。朝銀に多くの架空・仮名・借名口座があることは常識だったので、「その分を差し引けばだいぶ金が浮くじゃないか」と考えるのは当然である。まずは国民の負担を減らすために、払わなくてもよい口座を徹底的に洗うべきではなかったか。

そもそも架空・仮名・借名口座は犯罪の温床である。脱税資金や、犯罪で得た金の隠し場所として使われている場合が多く、税金で保護するなど許されないことだ。公序良俗に著しく反する。実際に朝鮮総連が朝銀から金を吸い上げるときや、不良債権隠しのスキームにおいて、架空口座が頻繁に使われたことは後に刑事裁判で明らかになる。犯罪で得た金である犯罪収益を保護してしまったら、国際機関から日本のマネーロンダリング対策が不十分だと厳しい指弾を受ける事態もありえる。日本の金融市場全体の信用が損なわれてしまうのだ。朝銀近畿をつくったあとも、朝銀を地区ブロック別に４つの広域信組に再編して、破綻した朝銀の受け皿にする計画が進行中だった。小池議員は国会質疑で、再編スキームが朝鮮総連内で「大阪朝銀方式」（「朝銀」の前に「大阪」で商号の逆）と呼ばれていたと明らかにしている。朝銀大阪の処理同様、チェックが甘い、検査が甘い、フリーパス同然だ、だから次の４つも上手くいくぞ、と受け止められていたという。「どうせ検査がおざなりなら、この際水増ししておけ」といったことが行われているとの情報も紹介している。その上で、「最初の朝銀大阪のときにきっちりと検査をしていないということで、その後なめられるんじゃないかということを私は懸念しているのですが、その点については、御担当、いかがでございましょうか」と質問した。

金融監督庁の答弁は同じだった。「朝銀の場合も、これは信用組合ということで、監督事務につきましては、中小企業等協同組合法に基づきまして第一義的には都道府県知事が所管しているところでございます」。

小池議員は朝銀から北朝鮮への送金問題にも触れ、資金がミサイル開発などに使われるのは、「ブラックユーモア以外のものではない」と厳しく批判している。送金問題は、多くの人が公的資金投入に猛反対した理由である。安倍晋三議員は自民党の部会で追及したほか、官房副長官に就任したあとは政府内で取り組んだ。平成27年2月20日の衆議院予算委員会で朝銀問題について質問されたとき、最高責任者となっていた安倍総理は、「朝銀信組の今言われた問題点、恐らく、国会議員で一番最初に取り上げたのは私だと思います」と述べたあと答弁している。拉致問題とともに、強い思いを持っているようだ。

いっぽう、正反対の動きもあった。日朝国交正常化を狙う大物議員が止めにかかったのだ。平成9年12月1日付の毎日新聞連載記事「日本と北朝鮮　ヒト・モノ・カネ」によれば、不正送金問題を調査していた自民党外交調査会アジア太平洋小委員会の船田元・小委員長を、山崎拓政調会長が呼び出して、「（朝銀問題で）騒いでいるんだってな。今の時期はまずい。早く収めてくれ」と密かに指示を与えている。

山崎議員は平成20年、安倍晋三議員と北朝鮮政策で舌戦を繰り広げている。このとき山崎議員は『週刊文春』の記事「元愛人の赤裸々手記！　愛人同行で外遊も　山崎拓『変態行為』懇願テープとおぞましい写真」（平成14年5月2・9日号）などの影響で落選して、次の選挙で復活した後だった。北朝鮮を訪問し、日朝国交正常化推進議連の会長となり、北朝鮮への制裁解除と対話路線を主張していた。

安倍議員は、「国会議員が、交渉を行っている政府よりも甘いことを言ってしまったのでは、政府の外交交渉能力を大きく損なう。百害あって一利なしだ」と批判した。それに対して山崎議員は、「圧力一辺倒は幼稚な考えで、（第一次安倍政権では）何ら進展がなかった」「制裁緩和は日朝交渉再開の環境づくりのために必要な選択だった」と反論した。すると安倍議員は、「百害あって利権ありと言いたくなる。国会議員は国益を考えて行動すべきだ」と再度厳しく批判したのだ。

安倍議員の「百害あって利権あり」は多くの国民の気持ちを代弁したもので、当時話題になった。以前筆者が拉致議連会長を長年つとめた平沼赳夫元経済産業大臣に面会したとき、平沼氏は北朝鮮利権について、「君ね、1兆円の3％は300億円だ。もし10％抜けるなら1000億円だ。これはものすごい大金だよ」と困った顔で語っていた。こうした話はいまや常識化している。平沼氏は日朝国交正常化推進議連の議員が訪ねてきたとき、「鼎の軽重を問われるぞ」と警告したという。

安倍議員が続けて述べた「国会議員は国益を考えて行動すべきだ」は当たり前の話である。

敵対国を助け自国を危険に陥れる行為は、多くの国で殺人以上に罪が重い。たとえばイギリスの場合、平成10年まで大逆罪の刑罰として絞首刑が定められていた。イギリスは昭和40年に殺人罪への死刑を停止して4年後に廃止したが、もっとも重大な犯罪である大逆罪だけは残されたのだ。国を危険に陥れる裏切り行為は、性欲を満たすため複数の子供を殺す犯罪よりも重大だというのがイギリス法の立場である。

死刑が執行された事例としては、第二次世界大戦中にドイツによるイギリス向け宣伝放送に従事したウィリアム・ジョイスが挙げられる。米英両国の国籍を持っていたジョイスは、「ドイツにおいてプロパガンダを放送することで、不実にも国王の敵につき従った」「ドイツ臣民として帰化したと称することで、国王の敵につき従った」として大逆罪で有罪となり、昭和21年1月3日に絞首刑を執行されている。またジョイスが処刑された翌日には、イギリス兵として従軍中に捕虜となって寝返り、ドイツやイタリアの情報機関のため働いたセオドア・シュルツが、「1940年反逆法」で有罪となり絞首刑を執行された。

敵対国のため働く者は、大勢の同胞の命を危険にさらすので、もっとも厳しい刑罰を科されるのが世界の常識である。残念ながら日本の法律は、この点で欠陥があるといわざるを得ない。

朝銀への公的資金投入が実現するにあたって、野中広務議員が重要な役割を果たしたと広く信じられている。投入反対の論陣を張ったジャーナリストの櫻井よしこ氏は、「実りなき譲歩をやめる時」という文のなかで次のように述べる。

翌98年、破綻した大阪朝銀の受け皿となった近畿朝銀に預金保険機構は3100億円の公的資金を投入した。この資金投入の決定のプロセスは極めて不透明だった。なぜ、こんな説明のつかないような資金投入がありうるのか。当時の状況を取材する中で、関係者がほぼ例外なく、関与した人物として名前をあげたのが野中広務氏だった。私は野中氏に直接この点について尋ねた。氏は近畿朝銀についての関与を全面否定したが、朝鮮総聯の関係者さえ野中氏が関与したと述べる。疑問は残ったままだ。（『週刊新潮』平成14年3月28日号）

野中議員は平成11年12月2日、超党派議員団の幹事長として訪朝した際に錦《クム》繍《ス》山《サン》記念宮殿を訪れ、金日成の遺体に拝礼している。そのとき予定外だったが、別室で追従そのものの記帳をした。北朝鮮に誤ったメッセージを送り、国益を損ねた。

ご生前中に三度にわたりご会見の栄を得ましたことに感謝し、金日成主席閣下の不滅の遺徳が、朝鮮民主主義人民共和国の永遠の発展と日本国との友好発展の上に、大いなるお導きを願い、永久不変万年長寿をお祈りします。

話を金融当局に戻すと、前述の上田清司議員の「各地の朝銀は支店ではないか」という追及への国会答弁も、呆れ果てる内容だった。上田議員はまず常識的な質問をしている。仮にどこかの銀行の新橋支店が破綻した場合、丸の内支店が受け皿支店になることは可能なのかと尋ねた。それに対して谷垣禎一金融再生委員長は、支店だけの破綻というのは法律上ない話で、法人そのものが破綻するのだから、ある支店が破綻したときにほかの支店が受け皿になることとは、法の理屈の上から見てないと答弁している。当然の話である。朝銀の「支店」同士を合併して受け皿にした大蔵省のスキームは、理屈が通らないのだ。この時点で谷垣委員長に強引に止めてほしかった。

答弁はその後が最悪だった。預金保険機構が朝銀大阪と朝銀近畿について、「当然のことながら、破綻金融機関として独立している、もう一つは救済金融機関として独立している、こういう認識でございました」と答えたのだ。「デタラメ言うな！」と野次の一つでも飛ばしたくなる。独立などしていないことを、十分認識していたはずだ。ウソをついているようにしか聞こえない。

上田議員が前述の朝銀愛知の裁判にふれ、朝銀が学習組を通して朝鮮総連の支配下にあったことを説明すると、金融再生政務次官は「初めて私もお伺いいたしましたが、よく私どもの方でも研究をさせていただきたいと存じます」と答弁した。研究なら３１００億円も出す前にすべきではなかったか。警察や公安調査庁に問い合わせをする電話代なら、数百円で済んだかも知れない。

役所には役所の論理があるのだろう。「検査は大阪府の責任。ボク知らない。ボクはスキームを作っただけ」は役人の世界で通る話なのかも知れない。しかし被害者の日本国民は納得できない。

朝鮮総連の威圧力

大阪府の検査結果が信頼おけないことを、大蔵省と金融監督庁（平成12年に金融庁に改組）はよくわかっていたはずだ。大阪府による検査は、幹部が気づかなかったくらいだから、極めて形式的だったのだろう。あの当時地方自治体が、朝鮮総連が支配する金融機関に強い態度で出られるような力関係ではなかった。以前、日銀出身で衆議院議員になった小野塚勝俊氏から話を聞く機会があったが、氏が日銀で朝銀破綻処理を担当することになったとき、上司から防弾チョッキを渡されて死を覚悟したといっていた。東京から各地に赴任する日銀マンでさえ、命の危険を感じる相手だったのだ。

朝銀大阪が破綻する数年前の平成6年4月15日には、同じ大阪で朝鮮総連による組織的な襲撃事件が起きている。北朝鮮を厳しく非難していた「救え！　北朝鮮の民衆／緊急行動ネットワーク」（ＲＥＮＫ）の集会が、数十人の朝鮮総連構成員に襲われたのだ。ＲＥＮＫ代表の関西大学教授・李英和《リヨンファ》氏の著書『朝鮮総連と収容所共和国』によれば、開催前から誹謗中傷や嫌がらせ、脅迫が凄かった。朝鮮総連幹部から「脅迫しないから会ってくれ」といわれて会うと、「4月15日には百五十人を動員して集会をツブす。なかには気の荒い者もいるから、どんな事態が起きるか分からないぞ。5年や6年のムショ暮らしなど平気な若者がゴロゴロいるからな」と宣告された。朝鮮総連の基準では、このレベルは「脅迫」に入らないのか？

当日、脅迫は実行に移された。数十人の暴徒が主催者の制止を振り切って会場に乱入し、備品をひっくり返すなど乱暴狼藉を始めた。さらに警察官を押し倒し、警備の壁を突き破って「李英和を出せ」「李英和を殺せ」と襲いかかってきた。現場で取材していた報道陣も、小突かれたり、胸倉を掴まれたりして会場外に放り出された。筆者は現場にいた別の人から、「朝鮮総連は凄い勢いで襲いかかってきた。今日死ぬのだと思った」と聞いている。

事件の10日後、大阪府警は威力業務妨害の疑いで朝鮮総連大阪府本部など8ヶ所を家宅捜索した。それに対する朝鮮総連側のコメントは、「意図的な政治弾圧だ。断じて許すべきではなく、大阪府警に責任を取らせるように法的手段に訴えたい」だった。まるで被害者である。

ところが証拠書類を押収されたとわかると、朝鮮総連はトーンダウンした。襲撃の計画書、指示メモ、襲撃後の総括文書などを警察は入手した。それらの分析から、襲撃前の4月4日と12日に役割分担を指示する事前の会合まで開いていたことが明らかになった。幹部らは、「事前に謀議した」と認める陳述書を提出して、21人が書類送検された。

大阪府の朝銀の担当者も、事件について報道で知っていただろう。「ちゃんと検査せなアカンで」といわれても、実際のところ容易ではない。警察のような実力があるわけではない。それに差別だの政治弾圧だのと大騒ぎされると、まったく見当違いな批判とわかっていても、地方自治体は弱いものだ。

そうした事情を、大蔵省は身をもって知っている。大蔵省の外局の国税庁が、長い年月にわたって威圧的で執拗な抗議に晒されてきたのだ。たとえば昭和42年、朝銀東京の前身の同和信用組合が任意の税務調査への協力を拒絶したので、国税犯則取締法に基づいて強制捜査したところ大騒ぎになっている。捜査対象のうち上野支店では従業員ら50人から60人が激しく抗議したほか、200人の朝鮮総連構成員が集まって気勢をあげた。やむなく東京国税局の要請で警察の機動隊が出動し、ボール箱20箱ほどの書類を押収した。ところが今度は、電源を切ってシャッターを開かないようにして、税務署員を建物から出られないようにした。そこで警官隊が二階に梯子をかけて入り、ジャッキでシャッターをこじ開けてようやく押収書類を運び出した。このとき警察官が棍棒のようなもので殴られてケガをしている。朝鮮総連側はそれでもあきたらず、東京・大手町の東京国税局に150人ほどで押しかけて、玄関の窓ガラスを割るなどした。

朝鮮総連サイドは、裁判所の令状に基づくこの強制捜査を不当な弾圧だと糾弾する。朝鮮大学校経営学部の元学部長である呉圭祥《オギュサン》氏が著した『在日朝鮮人企業活動形成史』は、「朝銀東京にたいする強制調査弾圧事件は、『韓日条約』締結以後いっそう悪らつ化した共和国敵対敵視政策、反総聯政策の一環であり、在日朝鮮商工人弾圧策動の一角である」としている。その背景として、「日本軍国主義による南朝鮮再侵策動」を挙げる。

日本の法など歯牙にもかけていないのだ。遵法精神はカケラほども感じられない。「南朝鮮再侵策動」に至っては、やっているのは日本でなく北朝鮮なのだから笑止千万である。北朝鮮は統一を国是としており、韓国侵略の意思を隠していない。オウム真理教がかつて、「アメリカから毒ガス攻撃を受けている。だから武装しないといけないのだ」と主張していたことを思い出させる。

強制捜査のあとも数百人の朝鮮総連構成員が1週間以上にわたって東京国税局に押しかけて、執拗に抗議活動を繰り広げた。また朝鮮総連副議長名で抗議談話を発表したほか、朝信協と朝鮮総連傘下の商工連合会は記者会見を開き、日本当局を激しく非難した。

同書168ページに、「日本税務当局の弾圧策動のいくつかを羅列してみる」とある。はて、どんな不当な人権侵害を訴えるのだろう、税務署員に拷問されたとでもいうのかと思ったら、5件の脱税への査察のことだったので失笑を禁じ得なかった。巨額の脱税をすれば、査察を受けるのは当たり前である。いわゆるマルサ（国税局査察部）が査察するのは、金額が大きい犯罪となる脱税事案である。普通の申告漏れではない。査察とは犯罪捜査のことである。それを朝鮮大学校の元学部長が公刊物で「弾圧策動」と一刀両断するあたりに、組織の体質がよく現れている。朝鮮総連が掲げる「在日同胞の権利擁護」の実態がわかる。

同書は「不当な税金弾圧」に対する「積極的なたたかい」の成果として、昭和51年に商工連合会が国税庁と結んだという「合意」に触れている。

このような活動を踏まえて、1976年11月に商工連合会の代表者が田辺国税長官と会談し、在日朝鮮商工人の税金問題に関する合意をみた。ここでは国税庁の国税課長も同席し、日本社会党の衆議院議員が立会人となっている。

その内容は、つぎのとおりである。

1. 在日朝鮮人の税金問題は朝鮮人商工会との協議によって解決する。
2. 定期定額の商工団体の会費は損金と認める。
3. 朝鮮人学校運営の負担金については前向きに検討する。
4. 経済活動のための第三国への旅行の費用は損金と認める。
5. 法定で係争中の諸案件は話合いで解決する。

この「合意事項」が成立したのは、商工団体が税金問題解決のために実質的な団体交渉権を行使するようになったという点で貴重な成果といえる。もちろん商工団体のまえにはこの「合意」を堅固に守り抜く問題が提起される。

1970年代は、商工団体の活動でも貴重な前進を遂げた年代といえよう。(『在日朝鮮人企業活動形成史』）

「合意」については、朝鮮総連中央常務委員会が発行した公式書籍である『朝鮮総聯』も触れている。

朝鮮総聯は、日本当局の不当な税務弾圧をとりやめさせ、税金問題を公正に解決するため、ねばりづよいたたかいをくりひろげた。

こうして1976年、在日本朝鮮人商工連合会と日本国税庁のあいだに、税金問題解決にかんする5項目の「合意」がとりかわされた。（「朝鮮総聯」編集委員会『朝鮮総聯』）

そしてコラムで「5項目の『合意事項』」を紹介している。翻訳の過程で生じた誤差が、呉圭祥氏の著書と少し文言が異なるが、内容は完全に同じである。一番重要な団体交渉権については、「①朝鮮商工人のすべての税金問題は、朝鮮商工会と協議して解決する」と記されている。

「合意」は劇的な力を発揮したようである。平成元年10月17日の衆議院予算委員会で浜田幸一議員は、北関東の朝鮮人商工会会長がほとんど税金を払っていないことを明らかにした。政界の暴れん坊として知られたハマコー議員が、「北朝鮮関係のドン」と呼んだ会長が経営するパチンコ会社の納税状況は、次の通りだった。

株式会社P　売上高15億6850万円（昭和60年から63年5月）　納税額48万円
有限会社G　売上高7446万円　納税額ゼロ
H観光　売上高20億4700万円（昭和61年7月から62年6月）　納税額ゼロ

冗談のような金額である。世間一般にボロ儲けと思われているパチンコ店で、合計37億円も売上があって、納税額がたったの48万円。浜田議員は、「常識的に言ってこのような申告状況はおかしいのではないかと思いまして、それでも生きていられるのですから、よほどドンではないかと思ってドンという言葉を使わせていただいた」と皮肉を込めて述べている。この質問は、『週刊文春』が火をつけた「社会党パチンコ疑惑」の追及のなかで出てきたものである。

国税庁は「合意」の存在を強く否定する。しかし存在は半ば常識となっている。産経新聞の検証記事「朝鮮商工連　国税庁の『税金特権』合意あったのか　北の核・ミサイル開発資金どこから？」（平成29年6月4日付）によれば、米政府の国家経済会議専門エコノミストを務めたマーカス・ノーランド氏は平成7年にまとめた調査報告書で「朝鮮総連関係の企業が日本の国税庁から特別の優遇措置を黙認されていることを日本政府関係者も非公式に認めている」と記述している。「合意」に至った会談の当事者だった朝鮮商工連の李鐘泰元副会長は産経新聞の取材に、「詳しいやりとりは覚えていないが、あれから国税当局の対応が変わり、税金の申告はスムーズに受理された」と話した。いっぽう、国税庁の田口和巳元所得税課長は「陳情を受けただけで、約束めいたことは言っていない」と主張した。

平成10年に産経新聞が「合意」をめぐる双方の主張をはじめて報じたときは、朝鮮商工連の約50人の抗議団が産経新聞東京本社を訪れ、「私たち在日同胞商工人は、差別されこそすれ、何人からも『特別な扱い』を受けたことはない」「こうした一連の情報は、米・『韓』・日の情報・謀略機関がわが国と朝鮮総連、在日朝鮮人の間にくさびを打ち、陥れるためにでっち上げたものである」と謝罪と訂正を求める抗議文を手渡したが、「合意」の有無には触れなかったという。

いずれにせよ大蔵省は、地方自治体が朝鮮総連の威圧に十分対処できず、朝銀の実情がブラックボックスであることを認識していたはずだ。

ノーパンしゃぶしゃぶ事件

大蔵省の対応がおかしかったのは、当時汚職事件で組織がガタガタになっていたことも背景にある。いわゆる「ノーパンしゃぶしゃぶ事件」である。一連の不祥事で現役の大蔵省職員4人が逮捕されたほか自殺者がでて、112人が処分され、三塚博蔵相や事務次官が引責辞任している。

大蔵省に東京地検特捜部の家宅捜索が入った10日後の平成10年2月6日、毎日新聞に「朝銀大阪の事業譲渡、大蔵不祥事のあおりで1カ月以上の遅れも」と題された記事が出た。朝銀大阪では朝銀近畿への事業譲渡日程について大蔵省の内諾を得て準備を進めてきたが、認定が遅れると連絡があったという。朝銀大阪は反発し、「過労で倒れる職員まで出しながら大蔵省の指示通り準備してきたのに、理由が全くわからない。一部の資料は期日切れで顧客に再度提出してもらう必要があり、顧客にも迷惑がかかる」とコメントしている。朝銀大阪による大蔵省非難は「どのツラ下げて」と思わずにはいられないが、「大蔵省の指示通り準備してきた」は事実だろう。

毎日新聞は同年4月8日、「事業譲渡、5月11日に　大蔵不祥事で2カ月遅れ――朝銀大阪信用組合」との続報を出した。最初の記事が出てから1ヶ月以上たった3月末になって、やっと大蔵省は非公式に日程を通告してきたという。普通であれば、全国紙に遅れを報じられただけで不祥事である。すぐに対処したはずだ。ところが新たな日程を通告するだけで1ヶ月半もかかっているのだ。どれほどの混乱状態だったか想像がつく。その状態で出した「認定」が、しっかり精査した結果と信じる人はいないだろう。

大蔵省の汚職が事件になったきっかけは、総会屋への利益供与事件である。第一勧業銀行などへの調べで、銀行が行っていた大蔵省への過剰接待の実態が明らかになった。

平成10年1月26日、検査期日を漏らすなど便宜を図る見返りに多額の接待を受けるなどしたとして、大蔵省金融検査部の金融検査官室長と課長補佐が収賄容疑で逮捕された。同年、東京地裁は室長に懲役2年6月執行猶予3年、追徴金約８１１万円の有罪判決を言い渡した。判決は室長が大手都銀４行から71回にわたって計３７１万円の飲食やゴルフの接待を受けたほか、マンション購入にあたって４４０万円の値引きを受けたと認定している。検察側冒頭陳述によれば室長は、あさひ銀行を検査していた平成８年10月、銀行の大蔵省担当者（ＭＯＦ担）に「武蔵野付近で５０００万円以内のマンションを探しているので紹介してほしい」と申し出た。そのころ同行は貸出先ノンバンクに関して報告漏れがあり、検査官に厳しく叱られていた。非常に弱い立場だったのだ。室長は穏便におさめる意向を示したうえでマンションの話を持ち出している。そして同行の紹介で値引きを受けてマンションを購入しただけでなく、融資を要求し、歯の治療代３００万円を上乗せした２５２０万円を低利、保証人なしで借りた。判決は、「4年余りの間に71回にわたって接待などを受け、まさに接待漬けというべき状態」「検査制度の存在意義を根底から覆しかねない」と厳しく指摘した。

同時に逮捕された課長補佐に東京地裁は、懲役2年4月執行猶予3年、追徴金約４４７万円を言い渡した。大手都銀5行から91回の接待や飲食代金つけ回しで４４７万円相当のわいろを受け取っていたと認定している。判決は、「同僚が過剰接待によって懲戒処分を受けた当日に接待を受けたり、被告自身が自ら接待を要求し飲食代金のつけ回しをしたりしたケースもあり、悪質だ」「規範意識が著しく麻痺していた」と指弾している。

3月5日には大蔵省証券局の現役課長補佐と元課長補佐の2人が、証券会社に便宜を図る見返りに多額の接待を受けたとして逮捕された。現役課長補佐のほうはキャリア官僚だった。懲役2年執行猶予3年、追徴金約338万円を言い渡した東京地裁判決は、「自分が日本経済に貢献しているという強い自負が、キャリア官僚としてのおごりや自分が特権階級にある者だという傲慢を生み、接待をあたり前と思うようになった」と指摘している。そして「ためらうことなく業者から接待を受けるようになった経緯には酌量の余地はなく、大蔵省の証券・金融行政に対する国民の信頼を著しく失墜させた」とした。

元課長補佐のほうは懲役2年執行猶予3年、追徴金約523万円だった。受けた高額接待は75回にもおよび、1回18万円を超えるものもあった。東京地裁判決は、出張予定を担当者に伝えて接待を要求していたことに言及し、「大蔵省内で綱紀粛正の文書が発せられたあともこれを無視して接待を受けた規範意識の麻痺は著しい」と批判している。公務員が検査相手に出張先での接待を要求する行為は、大蔵省では常識だったのかも知れないが、一般常識でいえば「タカリ」である。

一連の事件で話題になったのは、新宿歌舞伎町のノーパンしゃぶしゃぶ店「楼蘭《ろうらん》」での接待だった。1月に逮捕された金融検査官室長は、第一勧銀のＭＯＦ担に「ぜひ一度行ってみたい。来週どうしても行こう」と要求したとされる。

同店のサービスについて、次のような証言がある。


「掘り炬燵の席につくと、膝上20センチほどの短いフレアスカートをはいた20歳前後の女性が隣に座るんです。挨拶代りにチップを５０００円渡すとその場でパンツを脱ぎ始め、それをお客さんの頭に被せたら、お楽しみの始まりです」

ドンチャン騒ぎの様子を振り返るのは、何度も接待で新宿・歌舞伎町のノーパンしゃぶしゃぶ店「楼蘭」を利用したという、大手メーカーの元営業マンだ。

「天井から固定された4、5本のウィスキーボトルが逆さに下がっていて、注ぎ口にグラスを当てると中身が出てくる仕組み。客が水割りなんかを注文すると、女の子がグラスを持って立ち上がって手を伸ばす。するとセンサーが反応して、床から〝シューッ〟と空気が吹き出してスカートがめくれ上がるという寸法です」

時にはヘアや局部まで丸見えになったそうで、

「無愛想な取り引き相手もハメを外してね。1本３０００円のペンライトを購入すると、炬燵に潜って女の子の股間を間近に観察できるサービスもあった。お蔭で商談も上手く進み、接待場としては非常に使える店でしたよ」（『週刊新潮』平成28年8月23日号別冊）

店はコース料理が1万９８００円だったが、女性従業員へのサービス料を含めると接待費用は１人当たり３万円以上になった。金融検査官室長が逮捕されたあと、警視庁保安課は同店の23歳と19歳の女性従業員を公然わいせつ容疑で逮捕したほか、所在不明の経営者ら３人の逮捕状を取った。

平成10年４月に大蔵省は、接待に関する内部調査結果を発表するとともに、１１２人の職員に停職や減給、戒告などの処分を行った。この中には銀行局長や証券局長が含まれていた。朝銀大阪を担当していた近畿財務局金融安定監理官も、58回にもわたって会食の接待を受けていたとして戒告の処分を受けている。

衆議院大蔵委員会に提出された資料によれば、戒告以上の処分を受けた32人が５年間で受けた会食とゴルフの接待は、計２２２８回にも上った。大蔵省では昭和54年に、「職務上の関係者からの会食招待には原則として応じない」との通達を出していたことを考えれば、驚くべき数字である。しかも調査は原則として本人の自己申告に基づいて行われたので、実際の接待回数は２２２８回より多かった可能性が高い。

減給以上の処分を受けた主な職員と処分時の役職は次の通りである。

・停職

銀行局担当審議官　会食56回　ゴルフ11回　計67回

・減給

証券局長	会食１０４回	ゴルフ23回	計１２７回
近畿財務局長	会食81回	ゴルフ22回	計１０３回
銀行局担当審議官	会食77回	ゴルフ10回	計87回
札幌国税局長	会食80回	ゴルフ12回	計92回
国際通貨基金理事	会食63回	ゴルフ10回	計73回
銀行局長	会食34回	ゴルフ10回	計44回

札幌高検の元検事長で『賄賂』の著書がある故・佐藤道夫参議院議員は、大蔵省職員が受けていた接待について「官僚に対する接待は、すべて賄賂といっていい。社会通念などというものは、とんでもない考えだ。こうした誤った概念を払拭するために、早く摘発したほうがいい」とコメントしている。

第三章　朝銀による犯罪の数々

裏で犯罪が進行

朝銀大阪が破綻したあと、各地の朝銀で不良債権隠しの犯罪が続発した。朝鮮総連に上納金を納めるため犯した犯罪を隠蔽するための、新たな犯罪だった。その過程で、投入された日本国民の血税が犯罪のもみ消しに使われている。

大蔵省の顔は丸つぶれとなった。甘く見られたのだ。起きるべくして起きた事件といっていい。

一連の事件では背任と検査忌避容疑で多数の逮捕者がでた。大蔵省の協議相手だった朝信協の李範洛元会長（犯行時会長）と李庭浩会長（朝銀大阪の元理事長）と元副会長、それから朝銀近畿、朝銀兵庫、朝銀京都、朝銀愛知の元経営陣ら十数人が逮捕されている。

また全く別件だが、朝銀近畿尼崎西支店の元職員が顧客の預金約1000万円を騙し取ったとして、平成14年に詐欺の疑いで逮捕されている。この元職員は顧客の預金など6000万円も詐取したと自供した。手口としては、同僚に「預金の払い戻しを頼まれた」とウソをついて出金させたり、顧客に金利の高い定期預金に切り替えると持ち掛けて預金証書を預かり、勝手に解約したりといったものだった。騙し取った金は借金の返済などに充てていたという。

さらに別件だが、朝銀近畿鶴橋支店の元係長が顧客の預金を引き出して約3000万円を着服したとして、平成15年に業務上横領の疑いで逮捕されている。警察の調べによれば、ほかにも預金を無断解約するなどして８０００万円以上流用していた。着服した金は結婚費用や競馬に使ったという。

後者２件は組織の体質を示すものの個人的犯罪なので、前者の背任のうち朝銀大阪の不良債権隠しから起きた事件について、検察側冒頭陳述などをもとにみていきたい。

神戸地検などの調べによれば、朝銀大阪など近畿地方の６つの朝銀から約１５０億円が朝鮮総連に上納されていた。個人への融資を装うなどして、朝鮮総連の傘下企業や密接な関係がある先に資金を流していた。こうした融資は、各地に朝銀が設立された当時から何十年も行われてきたという。

巨額の裏金を捻出するため、朝銀大阪では「自己貸し付け」と呼ばれる架空人物に対する融資を行ってきた。それを隠すため、「理事長キー」または「Ｚキー」と呼ばれる特殊なカードを使って、コンピューターのデータを改ざんしていた。オンライン・システムに、利息の支払いと手形の書き換え（いわゆる手形ジャンプ）がなされ、支払期日が延期されたという虚偽の情報を入力していたのだ。これを朝銀大阪では「キー処理」と呼んでいたくらいだから、反復継続して行う業務の一環だったといえる。

朝銀大阪が破綻したとき、処理できていない「自己貸し付け」の残高が約10億円あった。朝銀大阪の理事長は、発覚すれば組合員や世間から厳しい批判を受け、事業譲渡や公的資金導入のスキームに支障が出ると考え、朝信協に協力を求めた。

大蔵省と協議していた李範洛会長は危機感を持った。神戸地検などの調べに対して会長らは「不良債権を隠すよう、総連幹部から指示された」と供述したと朝日新聞が報じている。元の指示を出したのは、会長より上位の朝鮮総連幹部なのだ。指示を受けた会長は発覚を防ぐため「消さなければならない貸し付けがある」といって朝銀兵庫と朝銀京都に3億5000万円ずつ、朝銀愛知に3億4000万円の拠出を求めた。

もしも預金保険機構が国会で答弁したように、それぞれの朝銀が「独立」していたなら、このさき犯罪は起きなかった。拠出を求められた3つの朝銀の理事長が、「なにをバカなことを言っているんだ。なんでヨソの犯罪をもみ消すために、3億円以上も出さないといけないんだ。大体そんな金を出したら、自分が犯罪者になってしまう。断固断る」といって終わった話である。実際に普通の信用組合同士で、仮に理事長同士が親友だったとしても、犯罪のもみ消しのため3億円以上も出すなどありえない話だ。そもそも、ほかの独立した信用組合に「拠出」を求めることすら想像もできない。

ところが、求められた各朝銀はやすやすと応じている。平成9年8月に李範洛会長から電話をもらった朝銀兵庫の理事長は、「消さなければならない貸し付け」とは架空の人に金を貸したことにして朝鮮総連に資金を出して、回収不能になった公にできない不良債権のことだろうと思ったと供述している。実際にその通りである。そしてもしも要請を断ると、合併してできる朝銀近畿の人事で自分たちが不利な扱いを受ける恐れがあると思って、朝銀兵庫から3億5000万円拠出することを承諾した。朝銀兵庫では3億5000万円を捻出するため、朝銀大阪同様に「李海志」という架空人物への貸し付けを起こした。その後、架空人物4名に新たに貸し付けを起こして、貸付名義を分割した。検査逃れのため小口にしたのだ。以後は「理事長キー」でデータを改ざんして誤魔化していた。

朝銀京都の理事長も同じである。朝銀大阪に3億5000万円を拠出して回収できる見込みはないため、李範洛会長の要請に応じることに初めは躊躇したという。しかし朝銀の人事や業務に大きな影響力を持つ朝信協会長の要請である上、自己貸し付けが発覚すれば会長や朝銀大阪役員が、組合員や世間から激しい非難にさらされることから、要請を受諾せざるをえないと思ったと供述している。朝銀京都では3億5000万円を仮払いしたあと、元職員金山某を債務者とする3億5000万円の貸し付けを起こして仮払いを処理し、「理事長キー」で誤魔化していた。

朝銀愛知の理事長も電話を受けたとき、表に出せない債権とは朝鮮総連に対する貸付金か、自己貸し付けによって生じた貸付金だろうと思った。理事長は破綻した朝銀大阪に資金を出しても回収できず、朝銀愛知にその分損害を与えることになると認識した。しかしそれでも3億4000万円を出した。朝銀愛知では元職員に貸し付けたように装うとともに、利息の貸し付けを繰り返して誤魔化していた。

ちなみに要求する側の李範洛会長は、昭和63年から平成5年まで朝銀愛知の理事長を務めたあと、朝信協副会長に取り立てられ、後に会長になった経歴を持つ。朝銀愛知は古巣なのだ。平成10年に朝銀近畿がつくられ、3100億円もの血税が振り込まれて資金的に余裕ができた。朝銀大阪の李庭浩理事長（逮捕時に朝信協会長）は、朝銀愛知に拠出してもらった3億4000万円を朝銀近畿に肩代わりさせようと画策して、同年7月に朝銀近畿の理事長（朝銀京都の元理事長）に資金拠出を求めた。「日本の金が入ったでしょ。肩代わりしてよ」といっているようなもので、私たち日本国民はいい面の皮である。

朝銀近畿の理事長はすぐに応じて、朝銀愛知への送金を指示した。どれほど日本当局を甘く見ていたかよくわかる。動機としては、愛知県による検査で朝銀愛知の資金拠出が発覚する恐れがあるだけでなく、朝銀兵庫や自分が出した朝銀京都の分も発覚する恐れがあったからと供述している。朝銀近畿もほかと同じように、「燕統磨」など架空人物4名を債務者とする貸し付けを起こして資金を捻出した。

一連の事件では、まず平成14年7月23日に、朝銀愛知の元理事長に背任罪で有罪判決がくだった。神戸地裁は元理事長が、朝銀大阪の不良債権穴埋めのため多額の裏金を出金したと認定したうえで、「上部団体の朝信協に従ったもので、自ら積極的に犯行を計画したわけではない」として、懲役2年執行猶予3年を言い渡した。

同年12月24日には朝銀兵庫の元理事長が、同じく神戸地裁から背任罪で懲役2年執行猶予

3年、翌年3月3日に朝銀大阪の李庭浩元理事長が懲役3年執行猶予4年の有罪判決を言い渡されている。

朝銀京都の元理事長ら3人は、責任を否定して無罪を主張した。弁護側は、「我が国や韓国に対するテロ事件など違法行為を繰り返しながら平気で不当な要求を繰り返す北朝鮮を頂点とする、異常な関係の下でなされた」として、被告らに責任がなかったと主張し、無罪または公訴棄却を求めた。北朝鮮から朝鮮総連、朝信協、各朝銀信組と続く上下関係が、「絶対的上命下服の異常な関係」だったと表現し、被告らは「日本人社会の常識の通用しない特殊な社会環境」に置かれ、上部団体の指示に従ったに過ぎないとした。

しかし平成15年4月28日に言い渡された神戸地裁判決は、「大胆かつ巧妙な組織的犯行」だとして、朝銀京都の元理事長に懲役3年執行猶予3年、元副理事長に懲役2年執行猶予3年、元常務理事に懲役1年6月執行猶予3年を言い渡した。むろん無罪にはならなかった。

主犯といえる朝信協の李範洛元会長に神戸地裁は平成15年3月10日、背任罪で懲役3年執行猶予5年の有罪判決を言い渡した。裁判長は、「朝信協の指導力と影響力を背景に、各信組の理事長らに犯行をさせた」とし、「各犯行を積極的に主導し、刑事責任は共犯者間で最も重い」としたが、「不良債権は朝銀大阪と朝信協などとの歴史的経緯から生じており、被告人のみが責任を負うべきものではない」ことを執行猶予の理由とした。

李範洛元会長の執行猶予5年は、刑務所に収監される実刑判決の一歩手前である。執行猶予付の判決では最も重いものだ。しかしこの時点で被害を弁済していたわけではない。共有ではあるが、東京の高級住宅地・浜田山に敷地面積58坪の立派な家を所有して住んでいた。オオタカが巣を作ることで知られる都会のオアシス・善福寺川緑地まで徒歩1分の素晴らしい環境で、1億円は下らない物件である。李元会長は平成12年と13年に持分を同居家族に「贈与」したとして登記したが、裁判所から処分禁止の仮処分を受け、平成14年に「真正な登記名義の回復」が行われて所有権が戻っている。その後、平成18年に同居親族に持分を「売った」として、所有権移転の登記をしている。

朝銀近畿の金融整理管財人は、刑事裁判が終わりに近づいた平成15年2月14日になって、元会長ら4人に被害金額10億4400万円の損害賠償を求める訴訟を起こした。神戸地裁は翌平成16年4月27日の判決で「何ら回収見込みのない多額の資金を拠出させた」として全額の支払いを命じている。しかし刑事裁判と併行して、「弁済すれば罪が軽くなる。しなければ刑務所に行くかも」という圧力のもとで債権回収を進めなければ、なかなか取れるものではない。裁判所から支払い命令が出ることと、実際に金が回収できることは全く別問題なのだ。多くの金融犯罪で、被害者が泣き寝入りしている現実がある。

この背任事件では誰一人実刑判決を受けなかった。みな刑務所に行かず逃げ切った。納得がいかない思いなのは筆者だけだろうか。

破綻ラッシュ前に160億円を引き出す

朝銀大阪のあと、ほかの朝銀もバタバタと破綻した。平成11年5月は13もの朝銀が破綻する破綻ラッシュの月だった。破綻したのは朝銀青森、朝銀宮城、朝銀新潟、朝銀千葉、朝銀東京、朝銀長野、朝銀愛知、朝銀福井、朝銀島根、朝銀広島、朝銀山口、朝銀福岡、朝銀長崎である。

ジャーナリストの野村旗守氏は破綻ラッシュ前月の4月に、朝鮮総連内の反体制派幹部から次のように伝えられた。

「一ヵ月ほど前から、全国に三三ある朝銀信組から実務担当者が（千代田区）富士見町の総連中央本部経済局に集まり、必死に帳簿の改竄をおこなっています。特に北朝鮮への送金が取り沙汰されそうな書類はすべてシュレッダーにかけて廃棄しています。それというのも、この前お話しした朝銀の統合再編計画が、五月末までの予定で、発表されるからです」（野村旗守『北朝鮮　送金疑惑　解明・日朝秘密資金ルート』）

情報の通り、破綻した13の朝銀を、広域合併してできる4つの朝銀に事業譲渡する構想が発表された。受け皿は朝銀北東（本店・札幌市）、朝銀関東（同・横浜市）、朝銀中部（同・岐阜市）、朝銀西（同・岡山市）である。朝銀大阪と同じ方式であり、朝鮮総連の思惑通りに事が進んでいた。

朝銀愛知が破綻したあと、監督する愛知県の担当者がメディアに語った内容は、地方自治体の限界をよく示している。県が広域合併について大まかな情報を得たのは、破綻が表面化する約1ヶ月前の4月中旬だという。合併してできる朝銀を所管するほかの県との情報交換は進まず、破綻・広域合併が明確化した5月14日になってはじめて大蔵省東海財務局に連絡をとり、朝銀愛知の記者会見に職員を派遣した。14日夕方に開かれた県の記者会見で中小企業金融課長は、経営破綻について「県の責任はない」と強調した。課長は、「法令に基づいた検査をやっており、県は間違っていない。県内13信組を毎日見張っているわけではなく、担当者4人で十分にやることは不可能。一ヶ月前に朝銀愛知から事務的に相談があるまでは、正当に（業務を）やっていたとの認識で、個人的に驚いた」と述べている。

大蔵省が早い段階で注意喚起し、緊急事態だとして職員を派遣するなどしていれば、日本国民の負担を大幅に減らせたのではないか。朝銀愛知が平成13年に事業譲渡されたとき、国民は金銭贈与885億円、資産買取205億円の計1090億円を払わされている。

あとになって、このとき破綻した13の朝銀のうち9つが、破綻直前に「保証を履行する」という名目で朝銀系列ノンバンクに160億円も支出していたことがわかった。「破綻直前」と書いたのは本当に直前で、前月の4月21日から28日のたった1週間の間である。「そこまでやるか」と驚かずにはいられない。本当にいいようにやられている。「せっかくだから日本人どもからもっと取ってやろうぜ」という笑い声が聞こえてくるようだ。

預金保険機構は「金融破綻処理制度を悪用して公的資金獲得を意図したからくりだ」「朝信協が各朝銀に対し、破綻直前に『保証履行』を強要した」と厳しく非難し、系列ノンバンク側と法廷で対峙した。系列ノンバンクが、まだ履行されていない分を払えと起こした訴訟に、預金保険機構が異例の訴訟参加に踏み切ったのだ。

系列ノンバンク2社は、朝銀近畿にも86億円分の「債務保証」をせよと訴えていた。朝銀京都、朝銀兵庫、朝銀滋賀、朝銀和歌山から債務保証を受けたと主張し、合併してできた朝銀近畿に履行を求めた。一審の大阪地裁は、朝銀近畿に44億円の支払いを命じる判決を言い渡していた。

「もっと寄こせ」と訴えていたのは、朝銀総合ファイナンスと共同開発の2社である。前者は名前からして朝銀そのものだが、実際に全国の朝銀が株主となって昭和62年に設立された株式会社である。共同開発は昭和63年に、朝銀および朝信協の理事らが株主となって設立されている。信用組合は法令や通達により、長期・多額の貸し付けを制限されているので、規制をすり抜けるために朝信協主導で設立されたのが2社である。

2社の人事も、朝信協・朝銀そのものであることをよく示している。平成8年から9年に朝銀総合ファイナンスの代表取締役だったのは、朝信協の李範洛会長である。朝信協会長と朝銀総合ファイナンス代表取締役を兼務していた。李会長の次の代表取締役は、朝銀兵庫の元常務理事だった。この男は共同開発の代表取締役も兼務したあと、朝銀香川の理事長に栄転している。ほかにも、朝銀総合ファイナンスの取締役を朝銀大阪の李庭浩理事長（最後の朝信協会長）が兼務していたほか、両社の取締役に、平成13年に合併してできた朝銀中部の理事長が入っていた。朝銀総合ファイナンスの取締役と共同開発の監査役を務めた男は朝銀東京の常務理事で、平成13年に金融整理管財人から業務上横領で刑事告訴されている。ちなみに共同開発の取締役の1人は、スパイ組織である科協（在日本朝鮮人科学技術協会）の最高幹部だった男である。

2社はバブル期に朝銀から紹介を受けるかたちで、不動産会社などに多額の融資を行っていた。その際に朝銀から、「当組合は貴社とともにその管理回収に責任をもって協力します」などと書かれた書類を受け取っていた。そして2社は、朝銀大阪が破綻する直前の平成9年4月になって、各地の朝銀に指示して一斉に「連帯して債務保証する」と明記した保証書を追加で提出させた。保証書の対象になったのは、39件二百数十億円分の融資で、多くは不良債権となっている。この時期、すでに朝信協の李範洛会長と大蔵省の間で公的資金投入が協議されており、意図は見え見えである。預金保険機構は、「保証書への差し替えは、全国規模で一斉に行われており、朝銀の破綻を想定し、公的資金の獲得を意図したものだ。全国規模で金融破綻処理制度を悪用したからくりの一環であり、預金保険法の全額保護の趣旨を大きく逸脱し、反社会的で正義に反する」と主張し、請求棄却を求めた。つまり日本国民の金を狙った極悪スキームだと主張したのだ。

高等裁判所は常識的な判断を示した。大阪高裁は平成18年9月26日に、一審の大阪地裁判決を取り消し、系列ノンバンク側の請求を全面的に退ける判決を言い渡した。各地の朝銀が破綻前に出した保証書について大阪高裁は、「破綻を加速させるような危険な行為だ」として無効と判断した。

翌平成19年2月7日に東京高裁も、系列ノンバンクの請求を全面的に退けた。判決は保証契約について、朝銀の理事長らが「もっぱら被控訴人（系列ノンバンク）の利益を図るためにした行為」と認定した。朝銀と系列ノンバンクの間に密接な人事上の関係があることを理由に、ノンバンク側は理事長らの「意図を知っていたか、または容易に知ることができた」と指摘し、朝銀は保証契約上の責任を負わないとした。同年7月3日、最高裁第三小法廷が上告を退けて確定した。

東京高裁判決が「朝銀信組の理事長らの背任となる可能性」を指摘しているように、系列ノンバンクの利益を図るための支出は背任である。5年以下の懲役または50万円以下の罰金に処せられる犯罪である。実際に共同開発への間接的な支出について、朝銀京都の元理事長、元副理事長、元常務理事が背任で起訴され、前述の事件と併せて有罪判決を受けている。しかし、大半の者は刑事罰を免れた。「やったもん勝ち」となった。

すでに支払われてしまった１６０億円は、公的資金で穴埋めするハメになった。被害者は、真面目に働いて税金を納めた日本国民である。

そして2次破綻

13の朝銀が一斉に破綻したあとも、大蔵省・金融庁の動きは鈍かった。国会で繰り返し、破綻した朝銀に金融整理管財人を派遣して経営責任を追及せよと求められたが、拒否し続けた。地方自治体や、朝銀内部の責任解明委員会にお任せの姿勢だった。金融庁は、「改めて同じ内容の検査を行うことはいたしておりません」と冷たく答弁している。また平成12年11月20日の衆議院予算委員会で、原口一博議員の追及に金融再生委員長は、「検査を再びやるということはしていないのであります」と強く否定している。

ところが翌月の12月、一転して金融整理管財人の派遣が決定した。多くの国民は、「なんだ、やっぱり出来るじゃないか」と思ったはずだ。

金融整理管財人派遣に噛みついたのは、責任を追及されたくない朝鮮総連である。「総聯中央常務委員会の機関紙」と位置付けられている『朝鮮新報』に掲載された呉亨鎮・中央副議長の抗議談話からは、焦りが伝わってくる。

私たちは今般、金融整理管財人派遣措置の背景に、1部の悪質な言論人、政治家らによる、いわゆる『北朝鮮送金説』など、無根拠で、かつ悪意に満ちた反朝鮮、反総聯の世論調査が横たわっており、信用不安を作り出して同胞組合員たちを朝銀から切り離そうとする意図があることを、断じて看過することができない。

私たちは、日本当局が、不純な政治的意図を持って金融整理管財人を派遣しないことを要求する。

私たちは、日本当局が1日も早く譲渡組合の適格性を認定し、事業譲渡を終えるよう、適切な措置を取ることを要求する。

自分たちは100％正しい被害者で、日本は100％悪い加害者だといわんばかりの居丈高さは、いつものことである。それにしても「要求する」とはよくいえたものだ。

朝信協の李庭浩会長も談話を発表した。スネにたくさん傷があるせいか、朝鮮総連副議長に比べて幾分穏やかである。この時点ではまだ逮捕されていない。

朝信協は、金融整理管財人が派遣される必要はないという立場を一貫して主張してきたにもかかわらず、今回、日本の金融行政当局が金融整理管財人を派遣するという措置を取ったことは、誠に遺憾なことである。

金融当局が前言を翻してまで大慌てで方針転換した理由は、12月29日に明らかになった。朝銀近畿が破綻したのだ。2次破綻である。広域合併・事業譲渡のスキームが大失敗だったことが、誰の目にも明らかになった。当局は、金融整理管財人くらい派遣しておかないと、国民の怒りが自分たちに向かうと思ったのだろう。

さすがに今回は、新聞各紙も厳しかった。産経新聞は翌12月30日、「朝銀近畿、破たん公的資金3100億円無駄に　経営実態の解明、急務」と題した記事を掲載した。それにしても「3100億円無駄に」は強烈である。次のように解説した。

関係者によると、こうした受け皿構想を描いたのは、在日本朝鮮信用組合協会とともに大蔵省銀行局（当時）だったとされる。

しかし、不可解なことがある。破たんした朝銀大阪の処理に、大蔵省が損失穴埋めで二千六百二十六億円、不良債権の買い取りで四百七十六億円の資金援助を認定して、合わせて三千百億円の公的資金を投入した。

本来なら、「経営責任の解明が条件」（金融再生委員会幹部）。にもかかわらず、旧経営陣に対する刑事、民事の責任解明は一切なされなかった。「朝銀大阪方式は検査やチェックが甘く、フリーパス同然だから、他の四つの受け皿への譲渡もうまくいくと（在日関係者から）受け止められた」（与党議員）

こんな皮肉交じりの指摘もあがるほど、ずさんな処理が見え隠れする。

読売新聞は同日、「朝銀近畿が年の瀬破たん　金融行政の問われる責任　98年に公的資金投入」と題した記事で、「金融行政の責任が問われるのは必至の情勢となった」と当局を厳しく批判した。

金融当局は旧経営陣の責任追及とともに当時の処理実態を明確にし、失った信頼を取り戻すことが欠かせない。

（中略）

今回の金融庁の検査では朝銀近畿に千百六十億円の引き当て不足が判明した。朝銀近畿の規模では、合併から三年間でこれだけ不良債権が膨らんだとは考えにくい。特に朝銀京都は多額の不良債権を抱えていたことを朝銀近畿も認めており、当時の監督官庁の京都府の責任は大きい。

この合併を認め、九八年に朝銀大阪の受け皿となる適格認定を下した大蔵省も批判を免れない。個々の信組に対する監督権限には限界があり、「安定化のため、受け皿作りが急務だった」（金融関係者）との見方もあるが、健全と認定した判断の甘さは否めないからだ。

毎日新聞は「『朝銀近畿』破たん　大蔵省の失敗鮮明に」の中で、「過去の大蔵省時代の護送船団的な金融行政の失敗を改めて浮き彫りにした」「大蔵省主導の強引な救済策は、問題先送りでしかなかった」「最終的に2次破たんは国民負担の拡大につながる」「難航が予想される旧経営陣の責任追及を含め、再生委の機能を引き継ぐ金融庁の責任は重い」とした。

朝日新聞は「朝銀近畿が事実上の二次破たん　大蔵省の責任、免れず」の中で、「処理スキームづくりに深くかかわった大蔵省の責任は免れない」とし、「納税者の納得を得るには、朝銀大阪も含め、破たんに至った原因の徹底調査と関係者の責任追及が不可欠だ」と求めた。

主要紙の論調はほぼ同じといっていい。

95億円が消え、8割は使途不明

朝銀近畿が2次破綻した主な原因は、朝銀京都の約600億円の不良債権が表面化したことである。中でも特にひどかったのは、朝鮮総連の指示でゴルフ場開発に95億円を融資して、ほぼ全額を焦げつかせた事案である。

むろん法律さえ守っていれば、95億円もの金が消えることはあり得なかった。信用組合は同一人に対して融資できる限度額が決められている。朝銀京都は平成9年3月時点の実質的自己資本額が171億円弱だったので、融資限度額は20％の34億1820万円だった（20％

は当時の規定）。また、小口融資以外は担保や保証で保全すべき「安全性の原則」がある。返済が滞っても担保物件を売らせて回収すれば、大きな損失は出ない。

朝銀京都にはちゃんとした融資審査規定があった。内容は立派なものだ。

第1条　融資審査は厳正公平を旨とし、主観及び独断を排し、審査にあっては組合員の実情と利益に添い合わせ、組合の正常な運営、事業推進方向と合致せしめると共に、関係法規、定款、業務方法書並びに組合融資規定に依拠して行わなければならない。

第2条　融資金額は、貸出規制限度内において組合資金計画と結びつけ、申請人の信用状態（人的、資金的、能力的）、取引内容、3か月以上の取引実績、資金使途、返済方法、期間等が参酌され、資金の長期固定化を避け得る範囲で定める。

第3条　資金使途及び返済方法は、不要、不急、使途不明確融資を避け、少額、短期資金を優先する。運転資金は、1年以内の一括又は分割返済とし、長期を要するものについては5年迄とする。

第4条　与信額300万円以上は原則として不動産担保を徴求する。ただし、審査委員会の承認を得たものについては、この限りではない。

（中略）

第11条　審査機構は店舗審査、本部審査（予備審査）、審査委員会、常任理事会審査の4段階とする。

規定は徹底的に無視された。ルールを守らなかったから、また守らせる監督体制が機能していなかったから、日本国民が尻拭いをさせられるハメになったのだ。

ゴルフ場は、滋賀県石部町の山林など約130ヘクタールに計画されていた仮称「石部カントリー倶楽部」である。関西の名門ゴルフ場・琵琶湖カントリー倶楽部の隣に位置することから、会員権を売れば濡れ手に粟のボロ儲けと、取らぬ狸の皮算用がなされた。昭和60年頃、大阪市内の開発業者が行政手続上の事業主体として開発計画を立て、ゴルフ場用地の取得を開始した。しかし、開発業者はゴルフ場の開発・運営について何ら実績がなかった。またゴルフ場の実質的な権利主体が不確定のままだった。誰が中心になるかさえ決めず、何十億円もの計画が進んでいたのだ。

案の定資金不足となり、開発業者は平成2年に不動産ブローカーに資金調達を相談している。すると不動産ブローカーは、京都府宇治市在住の朝銀京都組合員の男に相談し、そのルートで朝銀京都に融資の申し込みがなされた。コリア国際研究所所長の朴斗鎮氏によれば、組合員の男は朝鮮大学校卒業後に朝鮮学校教員となったが、辞めてから広域暴力団の企業舎弟となり地上げ等の仕事をしていた。

話を聞いた朝銀京都の理事長は、融資を断っている。開発計画の実現可能性に疑いを抱いたからだ。つまり失敗する可能性が高いと見た。また理事長は、ゴルフ場開発への巨額融資は信用組合が行うべき性格のものでないと判断した。ちなみに後の裁判で副理事長も、「遅くとも平成3年7月頃には、ゴルフ場の建設事業を完成させることが困難なことを明確に認識していた」と認めている。

すると間に入った企業舎弟は、上部組織である朝鮮総連に直接話を持ち込んだ。すぐに話に乗った許《ホ》宗萬《ジョンマン》議長率いる朝鮮総連中央は、融資するよう理事長に迫った。平成2年の年末には幹部が京都まで乗り込んできて、「石部の件は取り組むことに決定した」と強く要請した。

しかし実現可能性が疑わしいプロジェクトである。ゴルフ場を作れなければ、会員権を売って金を集めることはできず、巨額の損失が残るだけだ。理事長は後に裁判所に提出した陳述書で、「このまま総連に押し切られて朝銀京都が食い散らかされてバラバラになる」と危ぶんだ、と書いている。副理事長は、「組合員の相互扶助の金融機関であるはずの朝銀京都が、一部の組合員のために何十億円にもなる融資をすること自体が間違っている」と考えたと述べている。

困った理事長は朝信協に相談した。そうしたところ、「ゴルフ場は朝信協の関連事業として行う。本件融資は朝信協が支援する。朝銀京都は窓口となって融資を実施せよ」といわれたため、最終的に融資を決めた。

当時朝鮮総連は、巨大な地上げ屋集団だった。朝鮮総連自身が、組織の収益事業として全国各地で地上げを行っていた。財政局副局長として詳しく知る立場にいた韓光熙氏によれば、大きな案件だけで名古屋駅周辺と大阪の吹田市、北九州市小倉の３件があった。名古屋では２００億円くらいをつぎ込んで駅周辺の細かい土地を買い上げ、転売することで約20億円の利益があった。大阪の案件も成功している。江坂駅近くにあった古いビルの入居者を2年かけて立ち退かせて、約60億円の投資で約40億円の利益があった。いっぽう九州の小倉は大失敗だった。２００億円から３００億円の資金をつぎ込んで旧市街を買い上げ再開発しようとしたが、交渉がまとまらず、韓氏によれば回収不可能だろうという。全体でみれば大きなマイナスである。

朝鮮総連は山梨県大月市のゴルフ場開発でも大失敗している。朝銀東京から35億円を引き出して、大月市の山林を買収して県の開発許可を得る交渉を進めていた。その過程で、元大月市長に現金1億円を渡していた事実も判明している。しかし許可はおりず、平成7年頃に完全に行き詰った。35億円の不良債権だけが残って、最終的に日本国民が負担させられた。

朝銀京都の理事長は総連の指示に従うと決めたあと、融資審査規定が定める手続を無視して、まったく審査をしないで融資を実施した。理事長は本部審査委員会の構成員だったが、開催すらしていない。貸出稟議書は融資部長に書かせ、理事長と副理事長２人の計３人で押印して決済した。そして担保も取らず、平成9年まで土地買収費や営業権取得費名目で95億円を融資した。融資審査規定第4条は、３００万円以上の融資は不動産担保を徴求すると定めているが、その３１００倍以上の大金が、無審査・無担保でポンと出された。

　融資は朝銀京都関連会社の株式会社三信と株式会社商工を通して行われた。両社を融資申込人とする借入申込書をデッチ上げ、運転資金の短期貸付を名目とした。三信と商工は、朝銀京都の関係者が表向き出資者になっている会社だが、実際には朝銀京都が資本金を負担していた。会社の事務は朝銀京都の部長クラスが担当し、人件費は一切計上されていなかった。ダミー会社である。

　三信と商工は振り込まれた融資金を、間に入った企業舎弟と不動産ブローカーにそのまま送金している。返済はまったく行われていない。三信と商工から利息が支払われたとの経理処理がなされているが、朝銀京都が追い貸ししただけであり、実際には入金されていない。

　地元では粘り強くゴルフ場建設反対運動が展開されていた。「石部の自然を守る会」が平成5年と7年に、開発計画を認めないよう求める要望書を滋賀県知事に提出したと中日新聞滋賀版が報じている。要望書は、ゴルフ場計画地が中学校や住宅団地に隣接し、農薬による教育や生活環境への影響が心配されるほか、全国森林浴百選に選ばれた公園の生活環境保安林を取り囲むかたちとなるなど、生活環境面の懸念を訴えた。また計画が町内の10％にもなり将来の土地利用に支障をきたす恐れがあるとした。

理事長と副理事長が危惧していた通り、開発計画は頓挫した。開発会社も企業舎弟の会社も倒産し、朝銀京都は全く返済を受けられなかった。全部パーになったのだ。95億円を丁半博打に賭けて、全額スッたようなものである。

産経新聞が関係者の話として平成13年11月16日に報じたところによれば、融資した金の8割前後が使途不明になっていた。つまり70億円以上の使途不明金があった。一般サラリーマン1000人以上の年収に相当する大金である。どこに消えたかは不明である。濡れ手に粟のボロ儲けをした者がいるはずだ。

朝銀近畿は金融整理管財人が入ったあと、元理事長と元副理事長に30億円の損害賠償を求める訴えを京都地裁に起こした。後に整理回収機構（ＲＣＣ）が原告の地位を承継している。整理回収機構は、大口信用供与規制で34億円以上は融資できないのに、当初から大きく上回る金額を融資する計画があり、両被告は違反になると最初から知っていたと主張した。また、融資は事業主体すら確定しない状態で行われ、関係者にゴルフ場開発の能力がないことを両被告ともに知っていた。担保を徴求すべきであったのに、実質的に無担保で融資が行われ、途中で計画見直し等の作業を行っていない。そのため安全性の原則に違反し、両被告に善管注意義務ないし忠実義務違反があるとした。ほかに組合員以外への貸し付けを原則として禁止した員外貸付禁止規定違反、信用組合の目的に反する定款目的違反、融資審査規定違反を挙げた。

元理事長は管財人団の調査に「総連の意思、朝信協の事業と考えていたので中止できなかった。朝銀の人事権は総連が握っており、（断れば）役職を外された」と述べたという。裁判では、朝鮮総連規定や朝信協規約の定めるところにより、決定事項を忠実に履行する義務があったと主張した。要は、自分たちの世界には独自のルールがあり、自分は命令に従っただけ、だから自分の責任じゃない、という抗弁である。

平成15年12月24日に言い渡された判決は、両被告が法律や融資審査規定に違反する事実を認識しながら融資を実施・承認することで「善管注意義務に違反してその任務を怠った」として、30億円全額の支払いを命じた。判決は「我が国の法律」という言葉を使い、「ここは日本だ。日本の法律に従え」と明確にした。朝鮮総連が治外法権を持っているつもりなら、大きな思い違いなのだ。

旧京都（筆者注：朝銀京都のこと）は我が国の法律に従って設立された中小企業協同組合であり、その理事も同法に従い責任を負うのであって、同法に違反する朝信協の指示に従ったからといって、同法による責任を免れることはない。

朝銀京都をめぐっては検査忌避の刑事事件もおきた。朝銀京都から引き継いだ不良債権を隠ぺいしようとして、朝銀近畿の最後の理事長と副理事長らが逮捕・起訴されている。理事長らは平成12年に近畿財務局が検査した際、返済が滞っていた貸出金について検査官に書類を提出しなかったり、検査官にウソをついたりして誤魔化そうとした。検察側は論告求刑で、「検査対策マニュアルを策定したうえで極めて大がかりかつ周到に計画し、類例のない悪質な犯行」だと非難した。

神戸地裁で平成14年6月6日に開かれた判決公判で裁判長は、「監督官庁が組合の健全性を確保する機会を失わせた」と起訴事実を全面的に認定したうえで、「朝銀京都の隠蔽工作に関与していない被告らのみを非難しがたい側面がある」と述べ、3被告に執行猶予つきの有罪判決を言い渡した。

判決は、朝銀近畿が発足する際に朝銀京都が約600億円の不良債権を隠していて、それを引き継いだことが債務超過となり破綻した主因と認定した。朝銀京都はゴルフ場で作った95億円の不良債権以外にも、朝鮮総連から差し入れられた約束手形で不良債権が膨らんでいた。手形が決済されなくなったため、新たに差し入れられた手形を割り引いて工面した資金でそれ以前の手形を決済するなど、実質的に利息の貸し付けを繰り返し、不良債権を隠していた。弁護側は最終弁論で、「本当に裁かれるべき者が法廷にはいない」と主張している。

この事件で、朝鮮総連も許宗萬議長も裁かれなかった。

朝鮮総連の陰謀・金融庁の怠慢

金融庁は平成14年3月、破綻した朝銀の受け皿となる4つの信用組合を認可した。朝鮮総連は4信組を支配下に置こうと虎視眈々と狙っていた。同年4月8日の衆議院決算行政監視委員会で西村眞悟議員は、全面的挑戦の方針を打ち出した『朝鮮商工新聞』4月2日号の決意文を、日本語に訳して紹介した。同紙は朝鮮総連の傘下団体・在日本朝鮮商工連合会の機関紙であり、朝鮮総連の本音がよく伝わってくる。日本に迷惑をかけて申し訳ないという気持ちは微塵もない。徹底的に利用することしか考えていないのだ。

我々の愛国的同胞商工人たちは、状態が幾ら困難で複雑であっても、敬愛する将軍様のもとに全人民がかたく団結する祖国があり、総連組織に一心団結して闘争すれば必ず勝つというかたい信念と意志のもとにあらゆる障害と難関を克服していきました。その結果、日本における民族金融機関をなくしてしまおうという内外反動の悪らつな企図を粉砕し、三月十七日に大阪、和歌山、奈良の「未来」、「兵庫ひまわり」、京都、滋賀の「京滋」信用組合が、翌日には関東信越の一都八県を網羅する「ハナ信用組合」がついに創立総会を迎え、新しい出発をすることになりました。今、日本当局は、我々の信用組合と総連の間にくさびを打ち込もうとして干渉し圧力を加えてきています。新組合の「定款付記」は、言うまでもなくその産物です。組合に対する日本当局の不当な「要求」について、同胞と商工人の中で反発する声が高まっています。同胞社会の実態、そして商工団体が歩んできた半世紀の歴史を冷静に見れば、総連組織と切り離して考えることはできず、総連組織のもとに団結して初めて同胞社会を守ることができ、商工団体を強化発展させ企業権も固守していけるということは明確です。新信用組合も、総連の大衆的地盤と同胞商工人の愛国的情熱にかたく依拠して初めて発展できるのです。

西村議員は決意文を朗読したあと、「つまり、もうおわかりのとおり、日本国政府が日本国民に説明している内容と、公的資金を既に受け取って、かつこれから受け取ろうとする団体が認識している内容は、全然違うわけでございます」と解説した。

「政府が日本国民に説明している内容」というのは、決意文が敵意を剥き出しにする「日本当局」による「定款付記」のことだ。金融庁は、定款で朝鮮総連からの独立性確保を明確にする条件で4信組を認可していた。西村議員の質問に対する福田康夫官房長官の答弁で説明されている。

新設組合においては二度と同様の問題が起こらないように、架空名義口座の排除、監査機能の強化等の対策とあわせ、経営の独立性、透明性を確保するための対策がとられているところでございます。

具体的には、定款において、朝銀信用組合や朝銀で構成される団体、朝鮮総連の役員経験者その他組合の経営の独立性を阻害するおそれのある者は役員としない。それから、役員は、朝鮮総連のいかなる地位にもつかず、いかなる職にも従事しないというようにされておりまして、仮に定款違反の事実が確認された場合には、金融庁において法令にのっとり適切な対応がなされるものと考えております。

ところがこのとき、4信組の理事長が学習組に所属しているとの情報が出て、国会やメディアで大問題になっていた。産経新聞は平成14年4月4日の朝刊1面で「朝銀受け皿4信組の理事長　朝鮮労働党傘下『学習組』に所属」と大きく報じた。

四信組の理事長が「学習組」に所属していることは、複数の元朝鮮総連関係者が明確に証言している。それによると、四信組のうち「ハナ信用組合」（関東信越）の理事長は朝鮮大学校の経営学部長を務め、「ミレ信用組合」（大阪・奈良・和歌山）、「京滋信用組合」（京都・滋賀）、「兵庫ひまわり信用組合」（兵庫）の三信組の理事長はそれぞれ大阪府、京都府、兵庫県の商工会理事長が務めた。元関係者は「四人とも金融の素人で、総連の影響力が残りかねない。組合員のために危惧する」と話す。

ハナ信組の理事長になったのは、朝鮮大学校元学部長の尹弼錫《ユンピルソク》氏である。尹氏は著書『日

本経済を見る　在日朝鮮人の生活と企業経営』で、日本当局との「たたかい」について解説した人物だ。前述の国税庁と結んだという「合意」について、「数年間にかけてわが同胞たちがたたかって勝ち取ったもので、同胞商工人の経済活動と税金問題を円満に解決するにおいて貴重な前進」だとしている。

続けて尹氏は、日本の法改正について驚くべきことを書いている。出入国管理法改正案を「四度にわたってたたかい廃案にさせた」とし、射倖遊技場法反対運動や、風営法改正反対運動などにも取り組んできたと明かす。

不当な内政干渉である。日本の法律は、日本国民の代表者が決めることであって、外国人の介入は許されない。政治資金規正法は外国人による政治活動に関する寄附を禁止しており、罰則は3年以下の禁錮または50万円以下の罰金である。寄附金が絡めば内政干渉は犯罪である。朝鮮総連は表向き、「日本の内政にたいする不干渉を原則として堅持している」「日本の内政問題については干渉せず」と、「内政不干渉の原則」を強調する。しかし実態は、出入国管理法改正案だけで4度も廃案に追い込んだというのだ。

尹氏は続ける。

この様なたたかいの下で今日の同胞商工人たちの企業活動が保障されている。世代が変わり企業活動が軌道に乗り成功していても、過去に一世たちが命をかけて獲得した諸権利を当然のように思わず、振り返ってみることが大事に思えてならない。
尹氏は日本への感情も吐露する。

たとえば、旧財閥の名前を見たり聞くたびに過去、「わが民族が彼らに莫大な財貨を略奪された」ことを考え、東京西新宿にあるノッポビルを見るとすごいと思う反面「あのビルの土台にはわが民族の血と涙が染み込んでいる」と植民地時代や「朝鮮戦争時の特需」のことを考える。（『日本経済を見る　在日朝鮮人の生活と企業経営』）

北朝鮮の国章

尹氏はストレスの多い日々を送っているようだ。町を歩けば三井住友銀行や三菱ＵＦＪ銀行の看板が目に入るし、三菱自動車の車が走っている。ちなみに北朝鮮が国の誇りとする、国章に描かれた立派なダムは「水豊《すいほう》ダム」といい、日本が作ったものだ。昭和12年に建設が始まり昭和19年に竣工している。当時世界最大級だった。尹氏には金日成が制定した自国の国章をよく見ていただきたい。

なお朝鮮総連は「植民地支配」という言い方をするが、一般的に収奪してボロ儲けすることを含意した言葉なので実態にそぐわない。筆者の遠戚の木全《きまた》省吾・山口高等商業学校（現・山口大学）教授は戦前に東南アジアの植民地事情を研究していたが、当時の数字を見ると本物の植民地支配のボロ儲けぶりがよくわかる。オランダが収奪したオランダ領東インド（蘭印・ほぼ現在のインドネシア）では、昭和14年時点で投資総額11億ギルダーに対して毎年本国に貢がれる金額は3億ギルダーだったという。年利27％である。ため息がでる。木全教授は「オランダにとって蘭印はドル箱であり、蘭印によってオランダの財政は賄われていると言っても過言でない」と述べている。白人による過酷な植民地支配は何世紀も続いたが、昭和17年に大日本帝国陸軍が稲妻のような速さで進撃して現地の人たちを解放した。

北朝鮮でなく日本が「莫大な財貨を略奪された」問題について、前原誠司議員は国会で厳しく追及した。平成14年3月28日の衆議院安全保障委員会で、「学習組の役員、幹部ばかりが理事長になっているということは、この新たな四信組合の理事長はすべて実質的には定款違反で理事長になっているということになりませんか。大臣、答弁してください」と迫った。

金融担当の村田内閣府副大臣は、「私どもから新設の信用組合に尋ねたところ、先生のおっしゃるような者がいわゆる学習組という組織に属している、そういう事実はない、こういう報告がございました」と否定した。

前原議員は自信を持って追及を続ける。「今、副大臣は、朝鮮総連の学習組に所属していないとおっしゃいますけれども、それだったら、全くの調査不足あるいは事実誤認、それでもしお金をさらに入れようとするんだったら、自分が辞職してからにしてください、それぐらいの責任ある問題ですよ」「絶対に新たな税金投入は認められる話じゃないですよ」

副大臣は調査について突っ込まれると、しどろもどろになった。「いわゆる学習組なる組織がいかなるものであるかどうかについては、私どもの調査の範囲を超えるものでございまして」と言い出した。そして金融庁は、4信組側に「学習組に所属していませんよね？」と聞いただけだったと認めた。警察や公安調査庁と連携して身元チェックする基本的作業を、全くやっていなかったのだ。この時点で、朝銀大阪が破綻してから4年以上経っている。朝銀近畿の2次破綻の後である。朝銀元幹部が多数逮捕され、朝鮮総連本体に巨額の金が流れていたことが広く報道されている。呆れ果てるほかない。

前原議員は厳しく批判した。

これは自己申告でやらせているわけじゃないですか、結果的に。そんなもの調査と言わないのです。子供だましと言うんですよ、そういうようなのは。

それで数千億のお金を入れるんですか。全額で1兆円のお金を入れるんですか。それは大問題ですよ、大臣。そんなもので認可申請したんだったら、金融庁なんか要らないですよ。もう存在意義、全くないですよ。

（中略）

要は、調査内容は聞き取り書面調査、本人に意思確認だけ。そんなもの、実態が把握できるはずがない。そんな子供だましの調査をして、そして再調査をしろと言ったら、再調査は今しないと言っている。こんなことで税金を入れるということになったら、本当に金融庁あるいは金融行政そのものがゆがみますよ。国民は絶対にこんなものは理解しないですよ。

それでもあなたは金融庁の副大臣として責務を果たしたと言えるんですか。再調査してください。

結局副大臣は、「私の一存では決められませんので、持ち帰らせていただきまして、その可能性について検討させていただきたいと考えております」と答弁し、検討内容を報告することで決着した。

その後も何人もの議員が追及した。4月26日の衆議院財務金融委員会では、上田清司議員の質問に警察庁警備局の漆間巌局長が、「お尋ねの四信組の役員のうち、公刊物により、朝鮮総連と密接な関係を有する朝鮮大学校の学部長や商工会の役員を務めていたことを警察として確認している者が何名かおります」と答弁した。また公安調査庁の中村壽宏・調査第二部長は、「御指摘の信用組合の役員の中には、朝鮮総連及び傘下団体の機関誌等によりまして朝鮮大学校の学部長及び傘下団体の役員として報じられた人物と氏名の一致する者が含まれております」と答弁している。学習組の所属はともかく、4信組の役員が朝鮮総連傘下団体で役員を務めていたことは、公刊物に堂々と出ているというのだ。

事実を突きつけられた副大臣は、定款違反がないか確認中である旨の答弁をした。上田議員は厳しく追及した。

今、異なことを言われました。ないかどうかを今確認中だということですが、もともと定款で独立性を確保するということを言っている以上、認可するときにそのことを確認しなくちゃいけないのに、確認しなかったという責任についてどういうふうに答えるんですか。

マスコミや国会で指摘がないと、理事長以下役員の経歴等々について調べないということですか。

（中略）

おかしな御答弁ばかりであります。

捜査の話じゃありません。認可して、この受け皿金融機関がきちっとして機能するには、資金贈与を受け、あるいは不良債権の買い取りをさせ、膨大な国民の税金がここに投入されるわけですから、適格な受け皿かどうかを事前にチェックするというのは当たり前のことであって、捜査じゃないんです、調査です。その調査ができていないということについての責任をきちっと明らかにしなきゃいけないということなんです。できていませんでした、これは失礼しました、おわびします、今後こういうことがないように注意をしますという言葉が出なければおかしいでしょう、もう明らかになっているんですから。それとも、まだ明らかになっていないというんですか。

産経新聞は4月27日、「朝銀信組　監督官庁は弱腰にすぎる」という論説を掲載した。「ルールを無視する金融機関に公的資金の投入は許されない」「明らかに定款に抵触する。またぞろ総連の集金マシンになりかねない信組のトップ人事は認められない」と批判し、「捜査当局と連携し、国内のルールに沿う綿密な調査を実施すべきである」と求めた。また安倍晋三官房副長官の、「過去の疑念を払う透明な体制が実現するまで、公的資金を入れるわけにはいかない」との発言を紹介した。

安倍官房副長官は、理事に日本人を入れなければ公的資金は投入しないとの基本方針を決めた。内心では投入自体に反対だったのではないか。しかし当時は官房副長官である。総理大臣ではない。その結果、金融庁は4信組に7000億円以上の公的資金を投入するにあたって、日本の金融機関に勤務した日本人を理事長とする条件を突き付けた。すでに就任している理事長を辞めさせ、日本人と交代させせろということだ。

関西を拠点とする3信組は条件を吞み、8月に計3193億円の公的資金が投入された。破綻した朝銀近畿は分割されて事業譲渡された。

投入の翌日、ジャーナリストの野村旗守氏は朝鮮総連の元幹部から電話をもらった。

「自分が払った税金をこんないい加減な使われ方して悔しくねえのか。日本人は毒ガスでも撒かれないことにゃ眼が覚めねんだろ」

吐き捨てるように彼は言った。（野村旗守『北朝鮮　送金疑惑　解明・日朝秘密資金ルート』）

超党派の心ある議員は、残るハナ信用組合への公的資金投入を阻止すべく懸命に動いた。与党3党と自由党の議員で構成された「朝銀問題を考える超党派の会」（会長・中山利生元防衛庁長官）は10月、公的資金投入中止を求める小泉純一郎首相宛の要望書を取りまとめた。

小池百合子議員は10月22日の衆議院本会議で、北朝鮮にすでに1兆円以上の経済支援をしていると述べ、小泉首相に「安易な公的資金注入は中止すべきではありませんか」と迫った。

総理は、対北朝鮮への経済支援は、拉致問題が全面解決を見、国交を正常化した後の話だと繰り返し述べておられます。しかし、間接的ながら、北朝鮮への経済支援は既に

1兆円規模を超えているのです。総理は御存じなんでしょうか。

国内の金融機関とはいえ、ずさんきわまりない経理や伝票操作、架空・借名口座は当たり前、金融機関とは名ばかりの朝銀に対し、1兆円の公的資金が使われたのです。北朝鮮の財布がわりとも呼ばれます朝銀をベースに集められた現金は、何と段ボールに詰められて、万景峰号などの船で堂々と北朝鮮に送られていたという証言もあります。その金を原資に核兵器開発などが進められていたとすれば、日本の納税者、国民が怒らない方がおかしい。もしくは、拉致問題同様、これまで国民には余り知らされていなかっただけなのかもしれません。

問題は、これまでの一兆円に加えて、さらに4300億円もの巨額な公的資金が、破綻した朝銀東京の受け皿、ハナ信組に今にも注入されようとしていることであります。国内の先行減税規模が1兆円だ、1兆5000億円だとかまびすしい中で、テロ国家を支える朝銀には1兆円を超えるお金をあっさりとつぎ込む。

総理、ここは政治決断が必要であります。

公的資金投入が経済支援というのは、極めて重要な指摘である。まったくその通りである。将来北朝鮮に経済援助することになっても、すでに支払った分は差し引かれないといけない。

12月になると、自民党の派閥横断の有志議員16人による「国家基本政策協議会」（米田建三会長）が、ハナ信用組合への公的資金投入は許されないとする緊急提言を発表し、安倍官房副長官に提言書を手渡した。

最後まで抵抗は続いた。しかしハナ信用組合が日本人理事長を選出すると、平成14年の年末に4000億円以上の血税が投入されてしまった。悪が正義に勝った。金正日は笑いが止まらなかっただろう。

第四章

なぜ朝銀は破綻したのか

デタラメの極致だった融資

朝銀が破綻した原因は、すでに見てきた事実でわかるようにデタラメ融資、朝鮮総連のタカリ、北朝鮮本国への巨額送金である。背後にあるのは、北朝鮮＝朝鮮総連＝朝銀の犯罪体質である。本章では朝銀東京の事例を中心に、もう少し深くみていきたい。

朝銀東京の元幹部4人が、検査忌避容疑で逮捕された翌日の平成13年11月9日の朝日新聞に、「紙1枚で融資次々？　担保確認の形跡なし　朝銀東京」と題した記事がでた。

在日朝鮮人系の金融機関「朝銀東京信用組合」（東京都渋谷区）の旧経営陣らによる検査忌避容疑事件で、朝銀東京の旧経営陣が、通常必要とされる手続きをとらずに融資を実行していたケースが多数あることが9日、関係者の話でわかった。決裁に必要なりん議書類などが一切なく、担保など返済能力の確認をした形跡もないまま、申込人の名前など3項目しか書かれていない用紙1枚で融資を実行していたという。

預金保険機構や関係者らによると朝銀東京の融資の一部には不動産の登記簿謄本など担保に関する書類などがないまま、融資が実行されていた。

金銭消費貸借契約書を作成していないケースもあったという。

融資関連書類は、ほとんどが申込人の名前、融資額、融資目的の3項目を記載した書類しかなかったという。

焦げ付きだらけになるのは当たり前だ。朝銀東京は返済能力を確認せず、一部では借用書さえ作らずに金を貸していたのだ。経営が成り立つはずはない。信用組合の収益の柱は、年利数パーセント程度が中心の貸出金利だ。ヤミ金融のように月イチ（1ヶ月に1割）やトイチ（10日で1割）の暴利をむさぼるわけではない。貸した金をキッチリ回収できなければ、とてもやっていけないビジネスモデルなのだ。

朝銀東京の経営責任解明委員会が平成12年12月8日付で提出した調査報告書によれば、与信残高で978億5700万円分の案件について、杜撰な融資または安易な担保解除があった。報告書は、これらを決裁した理事は連帯して損害賠償責任を負担すべきとしている。

朝銀東京だけでなく朝銀全体にいえることだが、不動産に抵当権を設定していても「ないも同然」という大口融資が多数あった。抵当権は、設定することで優先的に返済を受けられる権利だが、順位がある。たとえば1億円の不動産に、銀行が1番抵当で極度額8000万円の根抵当権（融資枠）を設定していれば、ほかに債権者が多数いても、銀行は不動産を売らせて優先的に8000万円まで回収できる。ノンバンクが2番抵当を設定しても、銀行の分を差し引いた残りの金額しか取れない。3番抵当を設定したノンバンクは、2番抵当のさらに後だ。そのため1億円の物件にすでに1億円分以上の抵当権が設定されていれば、「担保余力がない」ということになる。設定しても無駄であり、実質的に無担保融資である。

朝銀による実質無担保融資が大きく報じられたのは、平成5年が最初である。雑誌『アエラ』3月30日号で長谷川熙記者が、朝鮮総連傘下団体が多数入居する東京都文京区の13階建てビル「朝鮮出版会館」に担保余力がないのに、朝銀が抵当権を設定して巨額融資を行っていると報じた。30億円程度のビルなのに、その何倍もの融資が行われていた。

その後朝鮮出版会館について様々なメディアが報じたほか、国会質疑でも複数回言及された。前原誠司議員が平成27年2月20日の衆議院予算委員会で行った説明が、単純明快でわかりやすい。


追加融資、追い貸しでどうやって焦げつかせたのかということの一つの事例をお話ししたいと思いますが、朝鮮出版会館ビルというのがある。そのときの担保価値は20億から30億程度と言われていた。

まず、当時あった北海道拓殖銀行が10億円を3回に分けて融資をした、30億円。それから、その次に住銀リースが15億円融資をした。45億円融資をした。ここからですね。朝銀大阪が30億円、朝銀東京が17・3億円、朝銀神奈川が10億円ということで、朝銀関係だけで57億3000万円を追加融資して、担保価値は20億から30億しかありませんから。全て、102億3000万円の融資がされたわけです。もう返せるはずはありません。

結果的に競売にかけられて、落札額は何と4億7780万円。つまりは、100億円近くがこのビルの融資で消えてなくなった、こういうことですね。

報道を受けて、東京都労働経済局信用組合課と神奈川県商工部金融課は朝銀に是正措置を指示した。朝銀東京が破綻する6年も前、朝銀関東（朝銀神奈川を吸収合併）が破綻する8年も前である。当局はなにが起きていたかわかっていた。大蔵省も報道で知っていた。

『アエラ』平成5年8月3日号の続報は、洗脳合宿の施設である「朝鮮総連中央学院」を担保に朝銀東京、朝銀神奈川、朝銀福岡、共同開発などが計137億円の融資ないし融資枠の設定を行っていると報じた。不動産専門家によれば137億円は、担保価値の7、8倍であり、大部分は無担保融資だった。26億円もの融資枠設定を受けている横浜市の女性を調べたら、朝銀神奈川の常務理事の妻で、朝鮮総連傘下組織の幹部だった。夫の常務理事は取材に答えて、妻も自分も金を借りておらず、名義を貸しただけと認めた。また朝銀福岡から11億円の融資枠設定を受けている北九州市の男性の自宅を訪ねたところ、老朽化した二間だけのアパートだった。調べればすぐわかるデタラメばかりで、日本当局がどれほど甘く見られていたかよくわかる。

当時現役の財政局副局長だった韓光熙氏は、アエラ記者の訪問を受けてビックリ仰天した。知らない間に自分が17億3000万円も借りたことになっていたのだ。そのときの様子を描写した生々しい記述を引用したい。

九三年の春先の出来事である。

船橋市の自宅で軽く晩酌をやりながら夕食を終えたところで、玄関の呼びりんが鳴った。

「あなた出てください」

と、洗い物をしていた妻に言われ、玄関まで歩いていって扉を開けた。

「韓光熙さんですか?」

と、立っていた小柄な男に訊かれ、「そうだ」と答えると、男は朝日新聞の記者だと言う。正確には、朝日新聞社が発行するアエラという週刊誌の記者らしかった。名刺にそう書いてあった。

「何の御用ですか?」

と訊くと、記者は一冊の謄本を取り出して、

「一七億三〇〇〇万円借りていらっしゃいますよね?」

と、訳のわからぬことを言う。

記者の持っていた謄本を見ると、どうやら文京区の朝鮮出版会館の登記簿謄本であるらしかった。

「九〇年の四月におカネ借りていらっしゃいますよね。いったい何に使ったのか、教えていただけませんか？」

記者はなおもしつこく訊いてくる

「何に使おうとあなたにはまったく関係のないことでしょう。夜半に突然失礼じゃないですか」

極力動揺を抑えてそう言い、乱暴に扉を閉めた。その際に記者の手から謄本を取り上げるのも、忘れなかった。

じっくりとそれを見て、青ざめずにはいられなかった。

それは、間違いなく、出版会館の土地・建物に関する登記簿だった。たしかに、平成二年（九〇年）四月二七日、私が出版会館を担保に、朝銀東京から一七億三〇〇〇万円借りたことになっている……。

寝耳に水だった。まったく身に覚えのないことである。一七億円も借りたとすれば利息だけでもとんでもない額になってしまう。

三年前の四月といえば……。

私は祖国訪問していたはずであった。

その間、日本で何があったのか……。

妻にそのことを問いただすと、そういえばそのころ、財政局長の康永官から電話があって、書類を作成するのに必要だから実印を貸して欲しいと言われた記憶があるという。

「それだ！」

と、私は叫んで、翌朝、中央本部に出勤するなり、直属の上司である康永官を問い詰めた。その前年、私は財政局の副局長となり、康永官が局長になっていた。

「誰の指示で何のためにおれの名前でカネを借りたのか」と詰め寄ったのだが、康は言を左右してけっして本当のことを言おうとしない。（『わが朝鮮総連の罪と罰』）

知らぬ間に17億3000万円の借り主として登記されていると知り、韓氏が震え上がったのも無理はない。金利が5％としても、1ヶ月で720万円、年間8650万円になる。勤め人の韓氏が払えるような金額ではない。

この点が広域暴力団と朝鮮総連の違いだ。広域暴力団で財政局副局長に相当する高い地位に就くのは、二次団体や三次団体の組長である。子分や舎弟から上納金を受け取るとともに、自らも「太いシノギ」を持つ裏社会の実力者である。数十億円の資産を持つ組長もいる。ところが朝鮮総連の幹部職員は、日本在住の北朝鮮の公務員のようなものだ。給料はカンパがなければ生活できないほど低い。以前朝鮮総連の事業体（直営企業）の社長になっている幹部を調べたら、低所得者でないと入居できない県営アパートに住んでいた。許宗萬議長でさえ、表向きは質素な生活をしている。現在の住まいも、その前も、そのさらに前も、いずれも東京都杉並区の借家である。３軒とも、朝信協元会長の浜田山の豪邸と比べるとだいぶ見劣りする。現在の住まいを所有しているのは、かつて朝鮮総連が直営していた山形県のパチンコ店の中に支店を置く不動産会社だ。

以前許議長の親族を役員とする有限会社は、ＪＲ荻窪駅前（杉並区）で「白頭山」という焼肉屋を経営していた。筆者も訪れたが、良い肉を出していて美味しく、たいへん繁盛していた。許議長は95億円が消えた朝銀京都のゴルフ場開発融資にも関わっている。アメリカ映画に出てくるマフィアの親分のような大豪邸を所有していてもおかしくないと思うが、ほかの幹部の手前か借家暮らしを続けている。

朝鮮総連のタカリ

韓光熙氏の名前を使って朝銀東京から巨額の金を引き出した、朝鮮総連の康永官《カンヨングァン》・元財政局長。彼もまた、自分や妻の名前で何十億円も借りていた。驚くべきことに康元財政局長は新聞社の取材に、「実際の借り手は総連本体で、金も総連のために使っていた。妻の名義を使って借り入れたこともある」と正直に認めている。隠しても無駄と思ったのか？

すでに見てきたように朝鮮総連は、近畿地方の朝銀から明らかになっただけで約１５０億円を融資名目で引き出していた。ほかにも全国の朝銀で巨額の被害が確認されている。関東地方の4つの朝銀が合併してできた朝銀関東は191億円である。しかし朝鮮総連が、事実上「東京支店」に過ぎない朝銀東京から融資名目で引き出した残高は257億円（平成10年3月末）と突出していた。平成3年に100億円、平成6年に200億円を超え、増えるいっぽうだった。大口信用供与規制の限度額を超え、違法な状態が続いていた。むろん「借入」といっても返さないのだから、実質的に贈与であり、257億円を巻き上げたということだ。しかも257億円は記録に残っている金額であり、裏金で支出した分を含まない。朝銀京都のゴルフ場開発融資のような、朝鮮総連の指示でできた不良債権も含まない。朝銀東京はいいようにムシられていた。

裁判で朝鮮総連が金を引き出した手口が明らかになっている。毎年一定額の「賛助金」徴収と、金がほしくなるたびに「貸せ」といって引き出す2通りである。暴力団が縄張り内の風俗店から定期的にみかじめ料を徴収するとともに、経営者に「貸してくれ」といってタカるのに似ている。

「賛助金」は朝鮮総連が、朝信協を介して全国の朝銀に割り当てていたものだ。総額は毎年4億円から5億円で、このうち朝銀東京に課せられていたのは8000万円から1億円である。あまりにも高いので朝銀東京の理事長が減額を申し入れたが、却下されている。朝鮮総連は朝信協に取りまとめを指示し、朝信協が全国の朝銀に命じて裏金を作らせ、朝銀東京本店営業部に開設した架空名義口座に振り込ませていた。架空口座は「韓相一」「朴剛誠」「金一龍」「高一男」といった個人名で1、2年おきに変更していた。振り込むほうも朝銀福島が「バンダイタロウ」、朝銀長野が「ナガノハジメ」といった偽名で振り込むなど、日本当局に察知されないよう細心の注意が払われていた。1年で4、5億円は、20年なら80億円から100億円である。経費として落とせる科目でなく、裏金でねん出させられていたのだから、朝銀の負担は相当なものだった。

「貸せ」といってタカるやり方が、金額的には主体である。手形を入れたり、無価値な担保設定を行って直営企業に融資させたり、康元財政局長の日本名「東永一」名義を使うなど様々な手段が用いられたが、ここでは事件になった手口を解説したい。

朝銀東京の場合、すでに相当な金額を朝鮮総連に貸したかたちになっていたので、担当者が形式的に利息入金の督促を行っていた。すると当時現役だった康財政局長は朝銀東京の理事長に連絡し、新たな貸出しをしたうえで「浮かし」を行うよう要求した。新たに借りた金の一部で督促された利息を支払い、浮いた金を巻き上げるのだ。要求を受けた理事長は副理事長に指示し、副理事長はさらに常務理事兼本店営業部長に指示し、女性の本店営業部預金係課長が端末不正操作や伝票破棄で辻褄をあわせて実行した。浮かせた金は、康財政局長が管理する「姜忠一」「安秀哲」名義の架空口座に入金されて横領された。こうした過程が日常的に繰り返され、残高は雪だるま式に増えていった。

むろん犯罪行為なので、東京都の検査で発見されると問題になる。そこで誤魔化すために新たな犯罪が行われた。平成10年の検査のとき東京都は、金融機関側が資産を自己査定し、その内容を検証する方式を導入したばかりだった。自己査定にあたって金融機関側は、融資案件ごとに融資額や担保、返済の状況を書いた調査表（ラインシート）をつくり、「正常先」「要注意先」「破綻懸念先」に分類するよう求められていた。東京都が検査するのは、10億円以上の大口融資と不良債権に限られる。朝銀東京は大口の不良債権を小口に分割し、正常債権と偽り、問題の融資の調査表を提出せず隠した。しかし翌年破綻すると、すべての融資について再検査が行われて不良債権隠しが発覚した。元理事長や元副理事長ら4人は平成13年11月8日、検査忌避の疑いで逮捕された。

「民族差別」の言いがかり

『朝鮮新報』は逮捕の4日後、「民族金融機関への強制捜査　『不当、差別的な捜査』、『絶対に許せない』　同胞組合員ら強く抗議」と糾弾する記事を出した。

8日午後、日本の警視庁は数10人の捜査員を動員し、8時間余りにわたって朝銀東京信用組合本店（東京・代々木）に対する強制捜査を行い、4人の元・現職の役員および職員を逮捕した。とくに、朝銀の女性職員に対しては、出勤途中に連行し逮捕するという暴挙に及んだ。日本の検察と警察が9月26、27の2日間にわたって朝銀近畿本店と13の支店を強制捜査したことに対する抗議と糾弾の声が高まっている中で、警察が再び朝銀への強制捜査を行ったことに対し、同胞たちは強い怒りを禁じえないでいる。

200余人が本店前に

この日、強制捜査が行われるとの知らせを聞きつけ昼頃から朝銀本店前に集まった200余人の組合員たちは、警視庁捜査員に対し「不当捜査やめろ」「ただちに帰れ」「民族差別は許せない」などと口々に叫びながら、強く抗議した。

いつもの「民族差別」の言いがかりである。北朝鮮と違って人権擁護を重視する我が国は、「民族差別」と言われると慎重になる。そこをつけ込まれる。しかし冷静に考えればわかるが、アベコベもいいところだ。もしも特定の民族や国籍の人を特別扱いして犯罪捜査を行わなければ、それこそが差別である。その結果犠牲になるのは、日本人だけでなく、朝鮮総連のような組織に虐げられる在日外国人である。諸外国の外国人コミュニティでも、犯罪組織が同国人を食い物にする例がしばしば見受けられる。法治国家日本では、日本人だろうが外国人だろうがすべての人の人権が保障され、犯罪の容疑があれば厳正に捜査が行われなければならない。厳正に法を執行することこそが、差別を許さない姿勢である。

そもそも朝鮮総連は、在日コリアンの代表でない。公安調査庁は平成28年2月17日に開かれた自民党拉致問題対策本部会合で、朝鮮総連の実勢力について「おおむね7万人」と説明している。かつて50万人いたことを考えれば、凄まじい衰退ぶりである。構成員がどんどん離れていき、7分の1になっているのだ。在日コリアン全体から見て少数派である。そして朝鮮総連は、韓国を支持する多数派から激しく非難されてきた。在日コリアンによる朝鮮総連や北朝鮮を糾弾するデモ行進まで行われている。

在日コリアンの新聞『統一日報』は平成28年6月から「朝総連衰亡史」（朝総連は朝鮮総連のこと）という連載を続けている。各回のタイトルだけでも激しい糾弾ぶりが伝わってくる。一部を紹介したい。

「朝総連は正常人として自分の能力を目覚めさせよ」「他人を欺くのは犯罪で、自らを欺くのは自殺だ」「朝総連は偽りと全体主義体制での統一を望むか」「残虐非道な暴君に忠誠を誓う朝総連の全体大会」「朝総連は『共和国』のテロ伝統を直視し反省しろ」「朝総連の犯罪と破廉恥を増長してきた日本人たち」「北韓で救出を待っている身内たちを救出しよう」「盲従と豹変を恥ずかしく思っていない、かかしたち！」「朝総連は同胞たちを精神的倒錯状態にするな」「テロと独裁の輸出で第三世界まで地獄にした金日成」「朝総連は韓国人大量殺戮を誓う暴君を支持するか」「朝総連はJアラートがなれば、避難するかしないか」「首領体制と朝総連は、同胞を搾取する犯罪組織」「朝総連が自ら告白する自画像、野蛮の下手人」「朝総連こそ清算されるべき韓半島の積弊」「朝総連貴族たちはなぜ金氏王朝に忠誠するか」「朝総連を衰亡に導く最大の要因は、嘘と自己欺瞞」「朝総連は平壌でロウソク示威をやって見ろ！」「朝総連は北韓住民の側に立って首領と決別せよ」「朝総連の意識的な集団的健忘症と自己破壊」「世界的な謀略基地だった朝総連実力の秘密」「『新全盛期運動』3年半で18％減った『朝鮮籍同胞』」「朝総連の捏造と謀略は自己洗脳も狙う」「労働党3号庁舎と一体になった朝総連組織」「朝総連全体が工作組織、幹部は皆が工作協力者」「首領と組織に搾取された商工人たち」「日本社会の『聖域』だった朝総連」「『革命』という名の『お遊び』」「数千の『在日』の人生を狂わせた対南工作」「政治活動に動員される朝鮮学校　抗議活動は授業の一環」「『総連』もスターリンの操り人形」「朝鮮籍、毎年5000人以上減少の現実」

朝鮮籍の保持者は、朝鮮総連構成員よりさらに少ない。法務省の平成29年12月の統計によれば、朝鮮籍の在留者はたったの3万859人である。韓国籍の45万6663人の15分の1に過ぎない。朝鮮総連構成員の相当部分は韓国籍に切り替えていて、表向きは韓国人なのだ。韓国国民である以上、韓国政府の許可を得ずに朝鮮総連など指定された「反国家団体」で活動することは、国家保安法違反の犯罪である。韓国国民で朝鮮総連での活動を許されるのは、潜入工作を行う情報機関員である。

韓国の国家保安法は時勢の流れであまり適用されていないが、日本の法律と比べて極端なものではない。日本では刑法第82条の規定により、日本に対して外国から武力の行使があったときに、これに加担して、その軍務に服し、その他これに軍事上の利益を与えた者は、死刑または無期もしくは2年以上の懲役に処せられる。またテロ資金提供処罰法で、テロ活動に資金やアジト等を提供した者は厳しく罰せられる。46人が殺害された平成22年の韓国哨戒艇沈没事件をはじめ、北朝鮮による国家テロの数々を考えた場合、韓国籍の朝鮮総連構成員が逮捕されないのは奇異というべきだろう。

テロや犯罪を行う集団が、海外にいる無関係の同国人・同民族にたいへんな迷惑を及ぼすことは、筆者も子供のころ少し経験している。産油国の会議が開かれているヨーロッパの都市を家族で移動していたら、複数の警察官に呼び止められて、路上で荷物を徹底的に検査された。警察官の緊迫した表情が今でも記憶に残っている。日本赤軍テロリストと同世代の父(一般人)が疑わしいと判断されたことはすぐわかった。当時日本赤軍は世界中でテロを行っており、イスラエルの空港では一般市民に無差別に乱射して24人を死亡させ76人に重軽傷を負わせていた。凶悪で身勝手な日本赤軍テロリストのために、日本人全体が被ったダメージは計り知れない。

前述の元工作員・張龍雲氏は、平成9年5月12日付の『ロサンゼルス・タイムズ』で、「戦前在日朝鮮人は差別されたが、いま私たちは軽蔑される理由を再び作っている。朝鮮学校の反日教育、拉致、スパイ、不正送金等々。間違いなく反動がくる。避けられない」と語っている。朝鮮総連と無関係の大多数の在日コリアンにとって、風評被害は迷惑極まりないだろう。朝鮮総連が「民族」という言葉をやたらと使うため、在日コリアンを代表して日本に敵対行為を行っているとの誤解が生じる。無関係の人を守るためにも、朝鮮総連への厳格な法執行が求められる。

朝鮮総連によるヘイトスピーチ

康元財政局長は平成13年11月28日、業務上横領の疑いで警視庁に逮捕された。前述の手口で8億3000万円を自分が管理する銀行口座に入金させ、横領した容疑である。朝銀東京の元理事長ら4人も、横領容疑で再逮捕された。

翌29日朝、朝鮮総連中央本部にはじめて家宅捜索が入った。朝鮮総連側の反発は、3週間前の朝銀東京のときの比ではなかった。早朝から300人以上の構成員を動員し、「不当な民族差別をやめろ」「警察は帰れ」などのシュプレヒコールを絶叫させた。午前8時5分、本部ビルに近づこうとした警察のワゴン車を数十人が取り囲み、車体をたたき、揺さぶり、押して後退させている。午前9時50分すぎ、待機していた200人の機動隊員のうち50人がジュラルミンの盾を手に近づくと、激しいもみ合いになって、顔から血を流す人も出た。「帰れ、帰れ」の連呼が起き、人数の少ない機動隊は10メートル以上押し戻された。警察が「正当な捜索活動を妨害する者は逮捕する」と警告しても、興奮状態の構成員は聞く耳を持たなかった。

結局、警視庁捜査2課の幹部捜査官2人が本部ビル内に入って交渉し、30人だけで家宅捜索することで話がついた。押収資料は段ボール2箱分だけだった。

朝鮮総連構成員が我が国の警察官に食ってかかる姿をテレビニュースで見て、激しい憤りを感じた人も多いだろう。動画投稿サイト『ユーチューブ』には兵庫県警が平成18年に朝鮮総連施設を家宅捜索したとき、朝鮮総連側から撮影した動画が投稿されている。このときも朝鮮総連は多数の構成員を動員して、公務執行を妨害している。正当に職務を執行する我が国の警察官に対して、朝鮮総連構成員はチンピラのような態度で「アホ、ボケ、ドロボー、シバくぞ!」など聞くに堪えない罵詈雑言を浴びせている。ヘイトスピーチである。

ヘイトスピーチは民族や人種、宗教に関するものが多いが、職業に関するものも含まれる。公務を執行する警察官への「ドロボー」という罵倒は、ヘイトスピーチである。動員された朝鮮総連構成員の中には、専従職員として勤務する北朝鮮当局者も含まれていたはずだ。北朝鮮の公務員が職務の一環として、我が国の公務員を泥棒呼ばわりするヘイトスピーチを行ったことは重大である。一般感覚でいえば宣戦布告である。

実は北朝鮮は世界一のヘイトスピーチ大国である。朝鮮総連は日本を拠点に、北朝鮮のヘイトスピーチを全世界に拡散する犯罪的行為を行っている。北朝鮮公式メディアの朝鮮中央通信は平成26年5月2日、アメリカのオバマ大統領を「劣悪な黒い猿」と罵り、次のように書いた。

「世界最大のアフリカ自然動物園のサルの群れの中で、見物人が投げたパンにかじりつく姿が似合う」

「アフリカの原生林に生息するサルの顔そのもの」

「人類は進化しているのにサルのまま」

「人間の基本的な外見すらない」

近来稀に見る悪辣な人種差別ヘイトスピーチである。フランスなら発言しただけで逮捕される内容だ。アフリカの国々や、アメリカの黒人地区でこうした発言をすれば、その場で射殺される可能性すらある。

さっそくCNNとイギリスの有力紙『テレグラフ』が報じ、国際問題となった。通常アメリカ政府は北朝鮮公式メディアの非常識発言を無視するが、このときに限ってホワイトハウスの国家安全保障会議（NSC）のケイトリン・ヘイデン報道官が、「とりわけ醜悪で無礼だ」と非難した。

これら人種差別ヘイトスピーチは、朝鮮総連直営企業の朝鮮通信社が管理するホームページで行われ、現在も掲載されている。アドレスに「co.jp」と入っていて、まるで日本企業のようなので迷惑極まりない。朝鮮通信社は東京都台東区に本社を置き、平壌の朝鮮中央通信が配信するニュースを日本メディアに提供したり、朝鮮総連傘下組織に配信したりする業務を行っている。日本発でヘイトスピーチを拡散しているのであり、決して許されることではない。朝鮮総連はヘイトスピーチをただちにやめなければならない。法務省は朝鮮総連に対し、ヘイトスピーチをやめるよう勧告すべきだ。

筆者はウガンダ（人口の約８割が黒人）に北朝鮮との関係を断つよう働きかけていたとき、人種差別ヘイトスピーチを訴えた。まずウガンダの国会議員約３８０人のメールアドレスを議会ホームページで調べ、名前とともに電子メール同報ソフトに登録していった。一度登録すると、個別に名前を入れて同じ内容を大量に送ることができるので便利だ。そして北朝鮮ヘイトスピーチの英訳を送り、「これほどまで黒人を侮辱する国とは縁を切るべきだ」と訴えた。読んだ議員は憤激しただろう。ジェジェ・オドンゴ国防閣外大臣などから返信メールが届いた。

また世界１８０ヶ国以上のニューヨーク国連代表部のメールアドレスを調べ、協力してくれる方々とともに北朝鮮の人種差別を告発するメールを多数送っている。人種差別ヘイトスピーチは公式メディアが発信しているので、北朝鮮政府の見解といえる。いま国連加盟国のなかで人種差別を肯定し、公然と行っている国は北朝鮮だけだろう。引き続き世界各国へのロビー活動で引用し、北朝鮮の実像を伝えていきたい。

社民党が警察庁に怒鳴り込む

強制捜査後の12月7日、当時社民党副党首だった渕上貞雄議員と同僚の金子哲夫議員は、朝鮮総連副議長を責任者とする抗議団とともに警察庁を訪れ、「中央本部に対する強制捜査は不当な政治弾圧」だとする決議文を手渡している。裁判所の令状に基づく捜査が不当だと警察に怒鳴り込んだのだ。12月12日付の『朝鮮新報』によれば抗議団は次の要求を行った。

一、警察当局は、総聯に対する強制的な家宅捜索の過ちを認め、公式に謝罪せよ。
一、警察当局は、不当に連行、逮捕した総聯中央元財政局長ら逮捕者を即時釈放せよ。
一、警察当局は、総聯と在日同胞を治安対象にしていることを是正し、2度とこのような過ちを犯してはならない。

警察庁は、抗議文を内容証明付きで返送している。面会は、国会議員が2人も同行していたのでやむを得なかったのだろう。通常警察庁は抗議に訪れる団体と面会しない。たとえば平成27年3月26日に警察が許宗萬議長の自宅を家宅捜索したあと、朝鮮総連は副議長を先頭に警察庁に抗議に訪れたが、面会を拒否されている。筆者は現場で観察していたが、建物の外で抗議文を読み上げただけで、誰一人中に通された者はいなかった。なお抗議団の人数を

『朝鮮新報』は「150余人」と書いているが、現場で人数を数えていた警察官が「110人」と報告しているのを聞いている。

自民党の平沢勝栄議員は、「両議員は日本の国会議員としてどこが不当な捜査だったのか、きちんと国民に説明する義務があろう」とコメントした。もっともである。

唖然とさせられたのは産経新聞の取材への両議員の反応だ。12月22日付記事によれば社民党本部は取材を拒否し、金子議員も「取材には応じられない」とした。渕上議員は、「資料を捨ててしまったので、総連のどういうクラスの人と（抗議に）行ったか覚えていない。社民党と総連の日ごろの付き合いもあり無視するわけにはいかなかった。これは国際問題だから慎重に扱わないといけない。ただ、日本にある金融機関なんだから日本の法律にのっとって基準に照らして対処するのは当然」と述べた。

国会議員が警察の行為が不当だと抗議に行ったのに、ロクに説明もできない。逃げまわる。2週間しか経っていないのに誰と行ったか思い出せない。国会議員の威光を利用して捜査に圧力をかける行為を「付き合い」でやったという。日本の主権に属する国内犯罪捜査を「国際問題」だといって、なおも不当な圧力をかける。でもここは日本だから、日本の法律に則って対処するのは正しいという。意味不明である。

社民党は北朝鮮の朝鮮労働党と友党関係を結び、太いパイプを誇りながらも、助けを求める拉致被害者家族に極めて冷淡な対応をしてきた。平成13年に当時社民党政策審議会長だった辻元清美議員は、「国交正常化の中では、戦後補償が出てくるでしょう。日本は、かつて朝鮮半島を植民地にして言葉まで奪ったことに対して、北朝鮮には補償を何もしていないのだから、あたりまえの話です。そのこととセットにせずに、『9人、10人返せ！』ばかり言ってもフェアじゃないと思います」と発言し、救出を妨害している。

この発言があったのは、辻元氏や土井たか子党首の元政策秘書らが、政策秘書の給与名目で1874万円もの公金を詐取して逮捕される前々年である。議員辞職していた辻元氏は詐欺罪で起訴され、東京地裁で平成16年2月12日、懲役2年執行猶予5年の有罪判決を言い渡された。判決は「国会議員に対する厚い信頼をも悪用し、平然と内容虚偽の書面を提出することにより本件各犯行に及んだものである」とし、「国民の負託ないし信頼に真っ向から背く背信行為であって、悪質というほかない」「被告人辻元が、後にみるように、虚偽内容の弁解をるる強弁するという国会議員としてあるまじき無責任な対応をしたため、国民に強い政治不信を招いたこともうかがわれるのであり、本件各犯行が社会に及ぼした悪影響も深刻なものがあるというべきである」と指摘している。

ちなみに辻元議員は著書の中で皇室について次のように発言している。我が国への憎悪は朝鮮総連以上かもしれない。

「天皇っていうのも、日本がいやだというひとつの理由でしょ。いくつか要素があるんだけど」

「生理的にいやだと思わない？　ああいう人達というか、ああいうシステム、ああいう一族がいる近くで空気を吸いたくない」

「（筆者注：スポーツ団体が）人生訓とか、道徳を押しつけたがるし。でも、そういうのって、天皇とあの一族の気持ち悪さに直結してるよね。天皇制ってなくなるかな」

「これはもう、悪の根源」

「少なくとも私の中での天皇制を溶解させようと思う」

「私は天皇が嫌いだ」（辻元清美『清美するで‼　新人類が船を出す』）

社民党の拉致への対応は世論の厳しい批判を浴び、産経新聞によれば党の支持者からも抗議電話が殺到した。ついに平成14年10月、土井たか子党首が、「自らかえりみて率直に申し訳ない。被害を受けられているご家族に対しても、この場をお借りして申し訳ございませんとおわびしたい」と謝罪した。

しかしその後、拉致被害者救出のため積極的に行動することはなかった。警察庁に怒鳴り込んだ社民党だが、朝鮮総連本部や北朝鮮本国に怒鳴り込んだ話は聞いたこともない。それどころか次に党首となった福島瑞穂議員は、朝鮮総連が文部科学省に「朝鮮学校に金を出せ」と要求しに行った際に同行するなどしている。社民党の服部良一・元衆議院議員は平成30年

5月に開かれた朝鮮総連第24回全体大会で連帯の挨拶をし、「日本社会の差別排外主義が非常に強いなかで、皆さんが同胞たちの生活、権利のために長年奮闘し、朝鮮半島の平和と統一のために闘ってきたことに心から敬意を表する」と称賛したうえで、「米国による世界戦略の一環としての朝鮮敵視政策を一日も早く終わらせなくてはならない」と述べた。

社民党は、朝鮮総連は重要でも、日本人拉致被害者の人権など取るに足らないと考えているのか？　いずれにせよ、このような集団がいまだ国会に議席を持つことは驚異というほかない。

朝鮮総連が「復讐」を誓う

東京地検は平成13年12月18日、康元財政局長と朝銀東京の元理事長・元副理事長の3人を業務上横領の罪で起訴した。翌年東京地裁で開かれた公判で、元理事長と元副理事長は罪を認めた。元理事長は弁護側の被告人質問に対し「総連側の要請で横流しを続けた。不正と分かっていたが断れなかった」と供述した。破綻の原因については「総連関連の融資が大きな比重を占めている」と述べている。

元理事長は捜査段階で、警視庁捜査2課の調べに「元財政局長から言われたということは、総連から言われたということ。従わなかったら、日本ではもう生活できない」と供述した。

朝鮮総連によるマインドコントロールの実態がうかがい知れる。むろん朝鮮総連から離脱しても日本で暮らしていける。実際に多数の元構成員が縁を切り、普通に生活している。しかし朝鮮総連が幹部クラスの構成員に、「従わなかったら、日本ではもう生活できない」と思い込ませている事実は侮りがたい。若い独身男性ならともかく、所帯を持ち子供がいる人なら、日本で生きていけないと思ったら大抵のことをやってしまう。元理事長は、「こんなことをしていいのかと思ったが、前任者もしてきたことで、自分だけが悪いわけではないと思って従った」とも述べている。オウム真理教事件のときもマインドコントロールが問題になったが、洗脳の仕組みを持つ組織は実に厄介である。

いっぽう康元財政局長は「犯行に使われた口座の存在も知らず、共謀の事実もない」と述べて起訴事実を全面的に否認し、無罪を主張した。さらに「無実の罪で私を逮捕し、事実上の大使館である朝鮮総連への捜索を行ったとしか思えない」と捜査を批判している。

罪を認めている2人と、無罪を主張した康元財政局長は別々に審理された。元理事長に対して東京地裁は10月22日、「破綻は在日本朝鮮人総連合会（朝鮮総連）との癒着も一因。特定の団体に不正に資金を流し、金融秩序への国民の信頼を失墜させた」として、懲役3年6月の実刑判決を言い渡した。共犯の罪に問われた元副理事長は、懲役2年6月執行猶予5年だった。

元理事長は控訴し、二審で減刑されている。東京高裁は翌年7月23日の控訴審判決で、「総連からの要請に応えて組合の貴重な資金を不正に流した責任は重大だが、一審判決後に一部を被害弁償している」などとして、あらためて懲役2年6月の実刑を言い渡した。

康元財政局長の裁判は時間がかかったが、有罪となり実刑判決が出た。東京地裁は平成16年3月26日の判決で、「自らの影響力を背景に、具体的な金額を明示して執拗に多額の資金提供を要求し、中心的役割を果たした」として懲役6年を言い渡した。翌年10月6日の控訴審判決は一審の東京地裁判決を支持し、控訴を棄却した。その後平成18年9月に最高裁で上告が棄却され、懲役6年の実刑判決が確定した。

朝鮮総連は確定後すぐに「康永官・元総連中央財政局長に対する最高裁判所の不当判決を糾弾する集会」を東京の日本青年館で開いた。10月2日付の『朝鮮新報』によれば集会で朝鮮総連の高徳羽《コドグ》副議長は、朝銀東京の事件が朝銀問題と総連を結び付け、総連中央を強制捜査することによって組織の威信を傷つけることを目的とした政治弾圧だと非難した。また今回の裁判がひとつの「政治裁判」で、司法の独立性を喪失した暴挙であるとした。

『朝鮮新報』は「懐かしい活動家と同胞のみなさん」ではじまる康元財政局長の獄中メッセージも掲載した。一部を紹介する。

みなさん！

私は朝鮮新報を通じて、日本の反動勢力が「制裁」によって総連と祖国に害を加えようと狂奔する中、中等教育実施60周年を青空の下で同胞たちの笑顔あふれる歴史的な一大祝典として迎えるために献身する活動家と同胞の姿に接するたび、大きな力を得ています。

獄中生活の過程で私にいつも力と勇気を与えてくれるのは、金正日総書記の先軍領導の下で力強くたたかう祖国の人民と同胞のみなさんの姿です。

われわれが座してたたかわずにいれば、反動勢力の策動は悪らつさを増すであろうし、われわれが総連組織の周りに団結して最後までたたかうのなら、彼らの企図を挫くことができるでしょう。これは、私が獄中闘争を通じて痛切に感じた信念です。

非転向長期囚たちのように、私の体と心は当局の無法な強圧と政治的弾圧にも最後まで屈しません。

朝鮮総連の信条・信念がよく現れている。とにかく北朝鮮は絶対的に正しく、日本は憎むべき敵なのだ。

朝銀から巨額の金を引き出したことを、朝鮮総連は認めている。康財政局長も横領については無罪を主張したものの、自分名義の借入が朝鮮総連によるものと認めている。公式機関紙によるメッセージ掲載は、「朝銀から金を引き出したのは正当な公務」という強い意思表示といえる。むろん日本国民の被害など、ザマー見やがれとしか思っていない。

康財政局長は同年12月14日、服役先の静岡刑務所で大動脈瘤破裂のため死亡した。71歳だった。

朝鮮総連は1週間後に本部ビルで、礼を尽くして中央常任委員会葬として告別式を執り行った。告別式では康元財政局長に「共和国英雄」称号を授与するとの最高人民会議常務委員会政令が、当時の徐萬述《ソマンスル》議長によって朗読された。北朝鮮の官僚としては最高の栄誉である。

当時責任副議長だった許宗萬氏は驚くべき内容の弔辞を述べた。『朝鮮新報』によれば次の通りである。

> 責任副議長は、告別式に参加した人たちの胸は康永官氏の命を奪った者たちへの怒りと復讐心で満ちており、彼の変わらぬ信念、強い意志と闘志はみなにいかなる策動と試練にも打ち勝つ大きな力を与えてくれたと指摘した。
>
> そのうえで、貴重な同志をあまりにも悔しい獄死へと追い込んだ日本当局の罪業は決して許されるものではなく、康永官氏が残してくれた愛族愛国の魂と総連の活動家がどのように生きてたたかうべきかを教えてくれた生涯の業績と獄中闘争は、総連と在日朝鮮人運動史に海外英雄闘士の名と共に末永く残るだろうと強調した。

告別式に参列した朝鮮総連最高幹部は、日本当局への「復讐心で満ちて」いるというのだ。目には目を、歯には歯を、ということか。こうした発言を、実質的に北朝鮮大使であり、国会議員（最高人民会議代議員）でもある責任副議長が行い、機関紙に堂々と掲載するのが朝鮮総連という組織だ。

本国への巨額送金

康元財政局長が「共和国英雄」称号授与の栄に浴したのは、北朝鮮本国への送金が高く評価されたからと思われる。日本国民に1兆円以上の損害を与えたことは金正日を大喜びさせたに違いないが、ダメージだけでは英雄称号は難しい。利得がないといけない。

朝鮮総連の送金は、長い間北朝鮮の生命線だった。日本から送られた金で、北朝鮮は体制維持できていた。過去数十年間に送金された総額は誰にもわからないが、1兆円は下らないはずだ。その日本マネーが北朝鮮の核開発を可能たらしめ、いま私たちの生命を脅かしている。

「まえがき」で書いたように安倍総理は、平成27年2月20日の衆議院予算委員会で朝銀破綻について「いわば不正融資というか、北朝鮮に金が渡るということを前提に貸し手側と借り手側が一体となっていたという問題がありました」と述べている。これは極秘情報を含めた様々な情報に基づく、日本政府の公式見解である。北朝鮮送金は「前提」だったのだ。送金については長く誤解があった。正規ルートの銀行送金が中心と思われていた。そのため北朝鮮への送金を扱っていた足利銀行に疑いの目が向けられたが、実際には証拠が残る送金は付け足し程度でしかなかった。

中心は証拠が残らない船による現金密輸である。財政局で現金運搬に直接関わった韓光煕氏が証言する。

献金はすべて現金でおこなわれる。

代表団は飛行機で移動するが、彼らが携えて現金を運ぶわけではない。一回につき、一〇億、二〇億という巨額の現金を運ぶこともあるから、とても手持ちでは不可能だ。新潟港に入港してくる北朝鮮の船に乗せて運ぶのである。八〇年代は主に三池淵号が現金輸送に用いられ、九二年からこれが万景92号に代わった。

献金工作のみならず、北朝鮮から朝鮮総連に対する指令は、ほとんどすべてと言ってよいほど、この船を通しておこなわれる。（『わが朝鮮総連の罪と罰』）

万景峰号には、朝鮮総連を担当していた金正日の側近・姜周一《カンジュイル》が乗ってきた。北朝鮮工作機関「225局」のトップで、朝鮮総連を事実上支配していた男だ。船では「指導船長」という肩書で、最高責任者として自らの部屋を持っていた。韓氏によれば指導船長室に許宗萬氏が呼ばれ、「次の首領様の誕生日までに何億円集めよ」といった指令を直接口頭で伝達されていた。

指令を受け取ると許氏は朝鮮総連本部に持ち帰り、中央常任委員会で全国の朝銀に対する割り当てを決定する。規模などに応じて、各地の朝銀がそれぞれ幾ら出すか一方的に決めるのだ。むろん努力目標でなく、金額を明示した上での「出せ」という命令である。

指令を受けた各朝銀の理事長は、指定された金額を現金で用意して、大型の旅行カバンなどに詰めて、若い職員同伴で東京の朝鮮総連本部ビルに運ぶ。本部ビル4階の財政局第1部の部屋に、大人の男が両手を広げて直立したまますっぽり入れるくらいの巨大な金庫があった。全国の朝銀から集められた巨額の現金は、いったん巨大金庫に収められる。

そこから先の運搬が財政局の担当である。朝鮮総連のなかに空手有段者で構成される「ふくろう部隊」と呼ばれる実力組織がある。普段は最高幹部のボディガードなどをやっている彼らを指揮して、各自に現金を1億円くらい入れたカバンを持たせて、上越新幹線で新潟駅まで運ぶのだ。

新潟駅に着くと車が迎えにきて、新潟港近くの朝鮮総連中央本部新潟出張所に現金が運び込まれる。そこで2、3000万円ずつに小分けにして袋に入れ、船に乗り込む一般の構成員に手荷物と一緒に運ばせて完了する。韓氏は全部で約30回、新潟まで現金を届けた証言する。

韓氏によれば、漁船などを装った北朝鮮工作船に運び込む方法もとられていた。億単位の現金をビニールで厳重に包み、指定された夜の海岸に現れる潜水服姿の工作員に渡すのである。工作員からすれば、日本人を拉致して連れていく工作に比べて、暴れるわけでも叫ぶわけでもない現金を運ぶのは楽な仕事だっただろう。

何十年にもわたって野放しにされてきた北朝鮮への送金だが、ついに平成28年に非合法化された。実現させたのは、古屋圭司・元拉致問題担当大臣である。

筆者らは送金の報告義務は強化されたものの、送金自体が禁止されていないのはおかしいと考え、平成27年5月7日に当時自民党拉致問題対策本部長だった古屋議員に面会して訴えた。そうしたところ古屋議員は即決即断、「よしわかった」といって検討を約束してくれた。すぐさま自民党内で徹底した議論が行われた。膨大な英文資料を読み込むことで知られる対策本部事務局長の塚田一郎議員は、カナダの対北朝鮮独自制裁が1000カナダドル（約9万円）以上の送金を禁止していて、国民を拉致されている日本より厳しいことを確認するなどした。カナダより甘いようでは、国際社会から拉致被害者救出への本気度を疑われる。そして審議のあと、古屋議員は党の提言書に送金禁止を入れると、6月25日に安倍総理を官邸に訪ねて直接提案した。この間たったの1ヶ月半。事実上実施が内定した。

翌年政府は対北制裁を強化するタイミングで、送金を原則禁止した。例外として認められたのは、人道目的の10万円以下の送金のみであり、全面禁止に近い。また報告なしで日本から北朝鮮に持ち出せる現金も10万円までとなった。遅きに失したとはいえ、歴史的な一歩だった。いま対北朝鮮送金は、犯罪として取り締まることができる。摘発が待たれる。

覚せい剤密輸

朝銀の体質を端的に示すのは、朝銀大阪の元副理事長による覚せい剤密輸事件である。むろん朝銀ばかりでなく、朝鮮総連や本国北朝鮮の体質もよく示している。事件は北朝鮮による国家ぐるみの犯行だった。

宮崎県日向市の細島港で平成9年、北朝鮮の貨物船「チソン2号」から58・6キロもの大量の覚せい剤が発見された。当時は制裁措置が発動される前で、北朝鮮の船は日本に自由に入ってくることができた。細島港は日向灘に臨む小さな港で、20トン以上の外国船は年間300隻ほどしか入港していなかった。2階建ての合同庁舎にいた税関職員はわずか5人。空港のような麻薬犬もおらず、検査が手薄だろうと狙われた。

手口は、はちみつの入ったブリキ製一斗缶（18リットル）の底に、アルミパック状の包みに入れた覚せい剤を隠すものだった。缶の中で針金が縦横に組まれ、包みが浮き上がらないよう細工されていた。はちみつは濁っており、底に沈めておけば缶を開封されても発見されない仕掛けである。

チソン2号は4月5日に北朝鮮の南浦《ナムポ》港を出て9日に細島港に入港し、積み荷の木材約2000本（621トン）を下した。その際に税関職員が、はちみつ缶を受け取りに来た朝銀大阪の元副理事長（当時貿易会社副社長）に品物を渡そうとしたが、書類に不備があったため、いったん保税倉庫に保管した。15日に元副理事長が再度訪れたとき、税関職員がはちみつ缶の1つを開けると、はちみつの表面に包みが浮き上がっていた。不審に思った職員が他の缶も開けると、同様の包みが6個発見され、内容物から覚せい剤の反応が出た。税関の大手柄だった。

宮崎、山口両県警などの合同捜査班がチソン2号を捜索すると、暗号連絡用の乱数表が発見された。乗組員は17人で、乱数表を所持していたのは56歳と47歳の労働党指導員だ。北朝鮮による国家ぐるみの密輸である。

この事件で朝銀大阪の元副理事長ほか、大阪市の暴力団幹部や貿易会社社長が逮捕・起訴された。元副理事長は昭和53年に朝銀大阪に入り、平成5年まで勤めている。かなり順調に出世したといっていい。それが4年後に国家ぐるみの覚せい剤密輸事件で逮捕されるのである。普通の日本の金融機関では考えられないことだ。

この時期、北朝鮮を仕出地とする覚せい剤密輸事件が相次いで検挙された。平成10年8月に高知県沖等で202・6キロ、11年4月に鳥取県境港で100キロ、11年10月に鹿児島県黒瀬海岸で564・6キロ、12年2月に島根県温泉津《ゆのつ》港で249・3キロ、14年1月に福岡県沖の玄界灘で151・1キロの覚せい剤が押収されている。

警察白書は北朝鮮を仕出地とする覚せい剤密輸事件の特徴として、1回の押収量が大量であること、押収した覚せい剤の純度が高いこと、比較的整った規格の包装が行われていることを挙げている。北朝鮮は密輸だけでなく、製造も国家ぐるみで行っているのだ。日米の当局は、北朝鮮東部の港・元山《ウォンサン》に隣接する市街地にある日本統治時代に作られた製薬工場で覚せい剤が作られていると見る。

島根県温泉津港に停泊中の漁船から大量の覚せい剤が押収された事件では、下関朝鮮初中級学校の元校長・曹奎聖《チョギュソン》容疑者が指名手配されている。現在でも山口県警のホームページに、「この男は、平成12年2月頃、北朝鮮ルートで覚醒剤を日本国内に密輸した被疑者です。警察では、この被疑者を捜しています」と顔写真付で出ている。元校長先生の覚せい剤密輸は、信組元副理事長より衝撃的かも知れない。無垢な小学生、中学生を指導していた人物なのだ。朝鮮学校の教師になるのは、北朝鮮の価値観で「愛国的」かつ「革命的」な模範人物だが、覚せい剤密輸は当然の帰着だろうか？　何百キロもの覚せい剤密輸で北朝鮮に外貨をもたらすとともに、大勢の日本人を覚せい剤中毒にすることは「率先垂範」か？

曹容疑者が教師を辞めたあと経営していた「サンコーインターナショナル」は、朝銀山口（破綻）から平成10年9月に6億3600万円借りて焦げ付かせたことになっているが、名義貸しだった。朝鮮総連は整理回収機構に訴えられた裁判で、サンコー社名義で金を引き出していたことを認め、平成19年に支払いを命じられている。朝鮮総連が朝銀から金を引き出す際に名義を使うのは、直営企業や職員など極めて関係の深い者だ。曹容疑者は校長として朝鮮総連の幹部構成員だっただけでなく、経営する会社が６億円の名義人になるほど密接な関係だったのだ。

サンコー社の表の顔は、北朝鮮から海産物を輸入する貿易会社だった。しかし実態は、北朝鮮国営覚せい剤密売事業の日本出先事務所といっていい。検挙された密輸事件の直前、サンコー社の銀行口座に東京の暴力団関係者から数回に分けて、手付金と思われる約３０００万円が入金されている。現場で逮捕された暴力団関係者らは、下関市内のサンコー社事務所に繰り返し出入りしていたことがわかっている。サンコー社の専務も後に逮捕・起訴されている。

曹容疑者は事件前、福岡空港から中国を経由して北朝鮮に帰国している。そこから下関で待機していた暴力団関係者に電話を入れ、覚せい剤受け渡しについて指示を出した。押収された暴力団関係者のメモに、「39センチ20ミリ　127センチ40ミリ」と長さの記載がある。これは待ち合わせ場所が北緯39度20分、東経127度40分の元山港北東30キロ地点の海上ということだ。

暴力団関係者らは平成12年1月31日、漁船「栄福丸」で下関港を出港した。北朝鮮領海内に入っても拿捕されないように、曹容疑者から「我々は北朝鮮政府から要請を受けてきた」と書いたメモを渡されていた。指定された場所で待つと、衛星携帯電話に連絡が入り、2月2日正午すぎに曹容疑者が工作船に乗って現れた。曹容疑者は栄福丸に乗り移ると、ついてくるよう指示した。約1時間後に、かつて大日本帝国陸軍の要塞があった永興湾内に停泊すると、工作船の乗組員10人が発泡スチロールの箱38個に入った覚せい剤約250キロを栄福丸に積み込んだ。その場には複数の軍服姿の男もいた。

曹容疑者を同業者くらいに思っていた暴力団関係者は、工作船に乗って颯爽と現れた姿を見て仰天しただろう。まるでスパイ映画である。曹容疑者は秘密任務を任されたエリート工作員だったのだ。現場にいた軍人同様、犯罪国家・北朝鮮の公務を遂行していたのである。朝鮮総連がいかなる組織か、工作船上の曹容疑者が象徴している。

栄福丸は日本に戻る途中にエンジントラブルを起こし、予定を変更して島根県の温泉津港に寄港した。そこで受取役の男が用意したレンタカーに覚せい剤を積み込んだところで、現場にいた4人全員が覚せい剤取締法違反容疑で島根県警に現行犯逮捕された。主犯格の男は翌年2月14日、山口地裁下関支部で懲役18年、罰金500万円の判決を言い渡された。

曹容疑者は覚せい剤受け渡しの翌日に北京にいたことが確認されているが、その後の行方はわかっていない。海外にいれば、公訴時効は停止したままだ。

我が国の公務員への殺人未遂

平成13年12月22日、北朝鮮工作船が海上保安庁巡視船を軍用兵器で攻撃する殺人未遂事件が起きた。北朝鮮の公務員が職務として、日本の海上保安官を殺害しようとしたのだ。

その日の午前1時10分、九州南西海域に工作船がいるとの通報が防衛庁（当時は防衛省になる前）から海上保安庁に入った。ただちに出動し、6時20分に航空機が工作船を確認し、12時48分に巡視船が現場に到着して追跡を開始した。そのあと繰り返し停船を命令したが逃走を続けたため、上空、海面および船体への威嚇射撃を行った。17時24分に工作船から出火したが、30分後に鎮火し、なおも逃走を続ける。22時なっても諦めないため2隻の巡視船が挟み撃ちにしたところ、工作船乗組員は至近距離からロケットランチャーや自動小銃などで攻撃してきた。幸いにしてロケット弾は外れたが、巡視船は計170発も被弾し、海上保安官3人が負傷した。海上保安庁警備救難部の坂本茂宏管理課長は、「明らかに相手は、船員が集まっている操舵室付近を狙ってきた」「（ロケット弾が）ブリッジに当たったら、恐らくこっぱみじんだった」と強い殺意を語る。巡視船が正当防衛射撃を行うと、22時13分に工作船は自爆して沈んだ。自爆は巡視船を巻き添えにする目的もあったと思われる。

翌年、工作船は引き揚げられ、多数の武器が発見された。驚くべき重武装だった。護身用というレベルではない。飛行機を撃ち落とすための地対空ミサイルや対空機関銃まで用意していた。追い詰められたら日本の航空機を撃墜し、船を撃沈して逃げることが前提だったのだ。

携行型地対空ミサイル（SA―16）：2機
82ミリ無反動砲（B―10）：1機
ロケットランチャー（RPG―7）：2機
14・5ミリ対空機関銃（ZPU―2）：1機
7・62ミリ軽機関銃（PK機関銃）：2丁
5・45ミリ自動小銃（AKS―74）：4丁
手榴弾：8個
爆発物：2個

回収されたプリペイド式の携帯電話を調べると、都内の暴力団事務所の固定電話や、暴力団関係者の携帯電話と通話していたことがわかった。薩摩半島南東部の詳細な地図も発見されている。覚せい剤密輸のため来ていたのだ。この船は平成10年にも、暴力団関係者に覚せい剤を受け渡していたことがわかっている。

工作船や武器などは現在、横浜市みなとみらい地区の海上保安資料館（工作船資料館）に展示されている。暗号通信のため使用したとみられるシャープのポケットコンピューターＰＣ—Ｅ５００やアイコムの無線機ＩＣ—４７５Ｈ（最大出力75ワット）、工作員が使用していたピエール・カルダンの腕時計、潜入用水中スクーターなども見ることができる。一見の価値がある。

この事件では、生命の危機に直面しながらも、自らの身を顧みず冷静沈着に行動した海上保安官に注目が集まった。現場の映像を動画投稿サイトで見ることができるが、帝国海軍の精神が脈々と受け継がれていることがわかり嬉しくなる。しかし忘れてならないのは、決して表に出ることはない情報・公安関係の任務に就いている人たちである。

海上保安庁が追跡を開始する前、米軍から防衛庁に工作船に関する情報が寄せられた。防衛庁は電波傍受を開始し、東シナ海方面で工作船が発した暗号無線を傍受することに成功した。防衛庁はこの時点で、北朝鮮工作船と判断したという。ただちにＰ３Ｃ哨戒機が飛び立って現場海域を捜索し、工作船を発見して海上保安庁に通報しているのだ。

シギント（通信傍受による情報活動）は秘密のベールに包まれた世界だが、実は日本のレベルは非常に高い。昭和58年の大韓航空機撃墜事件では、撃墜したソ連戦闘機の交信を録音していて決定的証拠となった。しかし成功が知られることはまずない。通信傍受に従事する人は家族にさえ任務を話すことはできない。通信傍受に限らず情報・公安関係者は、家族に一切仕事内容を語れない。任務は、来る日も来る日もひたすら監視を続ける辛い作業が多い。

敵対国の許し難い工作活動を発見しても、法律の不備で逮捕できない悔しさに泣くこともあるだろう。それでも国家の安全のため、ただ黙々と秘密任務を遂行する。これぞ武士道である。

工作船は自爆する数十分前、「自沈する」という暗号無線を黄海に停泊中の工作母船に送信していたことがわかっている。公安当局が暗号解読に成功しているのだ。また別件だが、平成11年3月に能登半島沖で工作船2隻が日本側の追跡を逃れた際、「拿捕される事態になれば自爆せよ」と命令する暗号無線が、北朝鮮から工作船に向けて送信されていたこともわかっている。

工作船がロケットランチャーや自動小銃で攻撃を開始する前、どのような暗号命令を受信していたかについては情報がない。当局は把握しているはずだが、高度な機密である。間違いないのは、本国の命令で攻撃していることだ。いくら北朝鮮とはいえ、国籍がほぼ判明していて撮影されている状況下で、現場の判断で外国の公船に発砲できない。普通の国が相手なら戦争がはじまってしまうのだ。発砲するにしても威嚇射撃にとどめるのか、殺害して無力化するのか、上の判断を仰ぐ必要がある。工作船は工作母船を通して、北朝鮮政府から「日本人どもを皆殺しにせよ」といった内容の命令を受けたからこそ、ロケットランチャーまで使ったのだ。

邪魔だと思ったら、日本の当局者を平気で殺そうとする凶悪な犯罪体質。朝銀破綻の根本原因はここに行きつく。

第五章

10年で1割も取れない債権回収

身勝手な言い分

破綻した朝銀から不良債権を引き継いだ整理回収機構は、朝鮮総連から金を取り返すため、金額を確定するところから始めた。むろん日本国民が払わされた1兆3453億円の全額について、朝鮮総連は道義的責任を負っている。朝銀は朝鮮総連の金融機関なのだから、責任があるのは当たり前の話だ。しかし回収の対象になるのは、融資のかたちで引き出した金である。記録がない裏金で引き出した分は、どうにもならないのが実際のところだ。組織犯罪の立証は本当に難しい。また時効にかかった分も泣き寝入りせざるを得ない。

朝鮮総連が金を引き出し続けた数十年間と比べると、10年の時効（商事債権なら5年）はあまりに短く感じる。背任罪等の公訴時効も長くない。朝銀山口の金融整理管財人報告書に次の記述がある。「付け回しについては、最初の資金流出行為が背任等犯罪に該当する可能性が高いと考えられますが、既に公訴時効が完成しており、刑事責任追及には至っておりません」。腹立たしいことばかりだ。

融資のかたちで引き出した分さえ、なかなか実態が摑めない。そこで朝鮮総連側の代理人である元日本弁護士連合会会長の土屋公献弁護士を交渉窓口として調査が行われ、朝鮮総連は元本合計627億7708万円について真の債務者であると認めた。朝鮮総連が自ら責任を認めたのである。

普通認めたなら、「ご迷惑をかけて申し訳ありません」と資産を売り払って返済に回し、足りない分は分割で返していくのが当然である。ましてや朝鮮総連は事実上の大使館であり、公的機関だ。ところが朝鮮総連は誠意のかけらも見せなかった。そこで整理回収機構は平成17年、本部ビルを差押えるため東京地裁に「627億円を返済せよ」と求める訴訟を提起した。

朝鮮総連は裁判で呆れた主張をした。まず訴えたのは、「朝鮮総連は在日朝鮮人の生活と権利を守るため組織された団体で、その本部施設は日本と国交を有する諸外国における大使館にも比すべき活動の本拠だ。仮に朝鮮総連が敗訴し、本部施設を競売に付されるなどして失えば、在日朝鮮人が苦境に追い込まれる」ということだ。

事実は正反対である。朝銀へのタカリや、9万人以上を「地上の楽園」だと騙して北朝鮮に送りこんだことなどでわかるように、朝鮮総連が存在しないほうが構成員の生活と権利は守られる。苦境に追い込まれるどころか、無い方がプラスなのだ。また本部ビルを失ったところで、活動できなくなるわけではない。どこかに場所を移して活動を続けることはわかり切っている。仮にすべての所有不動産を取り上げられ、賃貸物件からも追い出されたとしても、最高幹部の一人が経営するパチンコチェーンを間借りするはずだ。

そもそも本部ビルがなくなると困るなんて、被害者である日本国民からすれば「知ったことか」である。被害を弁済できないような組織が、立派な本部を構えていること自体がおかしいのだ。

朝鮮総連は裁判で整理回収機構を非難した。「整理回収機構の目的が純粋な債権回収とは到底考えることはできない。日本政府の意向に迎合して朝鮮総連の本部施設を奪い、朝鮮総連を解散に追い込む政治的意図を有していると言わざるを得ない。このような整理回収機構の姿勢は、在日朝鮮人の利益を無視するものであり、企業再生追求の趣旨にも反し、人間の尊厳を損なうものだ」と不当性を主張した。その理由として、本部ビルを競売にかけて30億円や40億円を回収したところで、そのために朝鮮総連は活動を停止せざるを得なくなり、整理回収機構はそれ以上回収することが不可能になるからだという。

整理回収機構は、財務省・金融庁所管の特殊法人である預金保険機構が株式の100%を保有し、日本政府の下にある会社である。仮に政府が朝鮮総連を解散に追い込むと決意して、整理回収機構が先兵として動いているなら実に素晴らしいことだが、残念ながら事実ではない。単に債権回収を行っているだけだ。朝鮮総連以外にも、暴力団を含む多数の不誠実な債務者を追っている。

朝鮮総連はさらに、「整理回収機構の暴利行為は公序良俗に反する。恐らく4%以下の低廉な価額で不良債権を譲り受けたと思われる」と非難した。

これを朝鮮総連が主張するのだから噴飯ものである。暴利などむろん事実ではない。現時点でさえ、整理回収機構は巨額の経費をかけながらほとんど回収できていない。赤字である。暴利どころか、黒字になることさえ阻止してきたのが朝鮮総連なのだ。自ら阻止しておいて、暴利行為の糾弾とは開いた口が塞がらない。

東京地裁は平成19年6月18日、朝鮮総連に627億円全額と年利5％の割合による遅延損害金の支払いを命じた。当然のことながら裁判所は、朝鮮総連の主張を一切認めなかった。判決は、「請求原因事実についてはいずれも争いはない。したがって本件請求をもって、権利濫用ないし公序良俗違反に当たるものと認めることはできない」とした。

ちなみにこの裁判では、印紙代だけで6888万円かかっている。これも日本国民が負担している。

「強制連行」の真実

日本を知り尽くす朝鮮総連が裁判所で非常識な主張をした背景に、「そもそも我々は被害者。特別扱いされて当然」という権利意識があると思われる。朝鮮総連直系企業「朝鮮青年社」が出版した『在日朝鮮人人権白書』は、被害者として堂々と権利を主張せよと呼びかける。

在日朝鮮人が持つべき権利意識は、第三に、本来在日朝鮮人の権利については日本政府が保障すべき道義的、歴史的な責任を負っている問題であるという権利意識である。日本国は、過去、朝鮮人を直接・間接に日本に強制連行し、過酷な労働に従事させた。

このような歴史的特殊事情を有する在日朝鮮人の権利を積極的に保障すべき責任が日本政府にはある。しかし、日本政府は逆に、在日朝鮮人にたいし、抑圧と迫害をこととしてきたのである。在日朝鮮人の権利運動において、この問題点を明確に認識し、正々堂々と自らの権利を主張すべきであるろ《（ママ）》う。（在日本朝鮮人権利擁護委員会『在日朝鮮人人権白書』）

朝鮮総連ホームページは「強制連行」について次のように解説する。

こんにち日本には、約60万人の朝鮮同胞が住んでいる。

在日同胞は、かつて日本帝国主義が朝鮮を植民地支配していた時期に「徴用」、「徴兵」によって日本に強制的に連行されたか、過酷な略奪によって生きるすべを失ってやむをえず日本に渡った人びととその子孫である。

（中略）

１９３８年５月に「国家総動員法」を、１９３９年10月に「国民徴用令」を、１９４４年８月に「一般男子にたいする徴用令」などを公布、施行した。こうして、朝鮮同胞を日本各地の軍事施設と軍需工場、鉱山など危険な作業場に連行し、牛馬のようにこき使った。

（中略）

日本は、1938年2月に「朝鮮人陸軍特別志願兵令」を、1943年11月に「学徒兵制令」を、1944年4月には「徴兵制」を公布、施行して、朝鮮の青壮年を「志願兵」、「学徒兵」、「軍属」として、あげくには若い女性たちまで日本軍「従軍慰安婦」として侵略戦争や苦役の場に追いやった。

植民地支配時期に各種の名目で日本に連行された朝鮮人は、推定500万人という膨大な数にのぼる。

「推定500万人」が強制連行され、在日コリアンの相当部分はその子孫との主張だが、筆者は「おいおい、そんな低い数字を出して大丈夫か？　反逆者として処罰されるのでは」と思った。北朝鮮本国は840万人強制連行説をとっている。北朝鮮代表部は国連人権理事会で平成18年6月20日、「拉致は解決済。我が国と日本の間で未解決の問題は、第2次大戦時の日本による840万人の強制連行であり、100万人の虐殺だ」と途方もない数字を出した。その翌月にも北朝鮮外務省の李炳徳研究員が日本記者団に、「100余万の朝鮮人を虐殺し840万の強制連行を行い、20万の慰安婦をつくったことに日本側は謝罪せず、拉致問題にかみ付こうとしている」と述べている。

朝鮮総連が出している数字は、本国より340万人も少ないのだ。処罰を免れるため、上方修正して2000万人強制連行説を主張するといいかも知れない。『朝鮮総督府統計年報』

によれば昭和13年の朝鮮の人口（日本民族や外国人を除く）は2195万616人で、昭和17年には2552万5409人に増えている。本国から「2000万人も強制連行できるはずないだろ、ドアホ」と注意されたら、朝鮮総連は「ならば840万人だって、100万人虐殺だってあり得ないだろ」と反撃すればいいのだ。本国は沈黙せざるを得ない。いくら本当のこととはいえ、「そういうオマエらの500万人説だって荒唐無稽なホラ話だろうが。人のことをいえないだろ」と反論してこないはずだ。

徴用の問題は、高市早苗議員が昭和34年の外務省調査結果を発掘し、国会で取り上げたことで真実が知られるようになった。政府がよく調べてみたら、61万人の在日コリアンのうち、戦時中に徴用労働者として来た人はたったの245人だった。朝日新聞は昭和34年7月13日に「大半、自由意志で居住　戦時徴用は245人」という記事を出している。朝鮮人徴用労働者が導入されたのは昭和19年9月から昭和20年3月までの短期間で、所定の賃金等が支払われたことも明確になった。徴用された人は優先的に帰国できるよう便宜がはかられた。現在のプレスリリースに相当する「外務省発表集第10号」に次の文章があり、在日コリアンは強制的に連れてこられたとの俗説を強く否定する。

現在日本に居住している朝鮮人の大部分は、日本政府が強制的に労働させるためにつれてきたものであるというような誤解や中傷が世間の一部に行われているが、右は事実

大半、自由意思で居住

外務省、在日朝鮮人で発表

戦時徴用は245人

在日朝鮮人の北朝鮮帰還をめぐって、韓国側などで「在日朝鮮人の大半は戦時中に日本政府が強制労働をさせるためにつれてきたもので、いまでは不要になったため送還するのだ」との趣旨の中傷を行なっているのに対し、外務省はこのほど「在日朝鮮人の引揚に関するいきさつ」について発表した。これによれば在日朝鮮人の総数は約六十一万人だが、このうち戦時中に徴用労務者として日本に来た者は二百四十五人にすぎないとされている。主な内容は次の通り。

一、戦前（昭和十四年）に日本内地に住んでいた朝鮮人は約百万人で、終戦直前（昭和二十年）には約二百万人となった。増加した百万人のうち、七十万人は自分から進んで内地に職を求めてきた個別渡航者と、その間の出生によるものである。残りの三十万人は大部分、工鉱業、土木事業の募集に応じてきた者で、戦時中の国民徴用令による徴用労務者はごく少数である。また、国民徴用令は日本内地では昭和十四年七月に実施されたが、朝鮮への適用はさしひかえ、昭和十九年九月に実施されており、朝鮮人徴用労務者が導入されたのは、翌年三月の下関—釜山間の運航が止まるまでのわずか七カ月間であった。

一、終戦後、昭和二十年八月から翌年三月まで、希望者が政府の配船、個別引揚げで合計百四十万人が帰還したほか、北朝鮮へは昭和二十一年三月、連合国の指令に基く北朝鮮引揚計画で三百五十人が帰還するなど、終戦時までに在日していた者のうち七五％が帰還している。戦時中に来日した労務者、復員軍人、軍属などは日本内地になじみが薄いため終戦後、残留した者はごく少数である。現在、登録されている在日朝鮮人は総計六十一万人で、関係各省で来日の事情を調査した結果、戦時中に徴用労務者としてきた者は二百四十五人にすぎず、現在、日本に居住している者は犯罪者を除き、自由意思によって在留した者である。

「朝日新聞」昭和34年7月13日付
（国立国会図書館所蔵）

に反する。

（中略）

すなわち現在登録されている在日朝鮮人の総数は約六一万であるが、最近、関係省の当局において、外国人登録票について、いちいち渡来の事情を調査した結果、右のうち戦時中に徴用労務者としてきたものは二四五人にすぎないことが明らかとなつた。（中略）したがつて現在日本政府が本人の意志に反して日本に留めているような朝鮮人は犯罪者を除き一名もない。

当時朝鮮人は大日本帝国の臣民だった。国民の権利には義務が伴うが、徴兵されて地獄の戦場で散っていった内地人（日本民族）に比べて、朝鮮人の義務が特別重かったとはいえない。東アジアの国家アイデンテティを研究し、在日コリアンに関する複数の著書がある首都大学東京の鄭大均名誉教授は、被害者性の特権化を批判する。

いいかえると、朝鮮人であれ、日本人であれ、当時の日本帝国の臣民はすべて、お国のために奉仕することが期待されていたのであり、多くの者は、それに従属的に参加していた。つまり「不条理」は、エスニック朝鮮人のみならず、この時代の日本国民に課せられた運命共同性のようなものであり、したがって「強制連行」などという言葉で朝鮮人の被害者性を特権化し、また日本国の加害者性を強調する態度はミスリーディングといわなければならない。（鄭大均『在日・強制連行の神話』）

昭和7年の衆議院議員選挙では、皇室中心国家主義の立場から内鮮融和を訴えた朴春琴《パクチュングム》議員が東京4区（本所・深川）で当選している。朴議員は衆議院請願委員会で昭和12年8月6日、著述業の李元錫氏ら在日朝鮮人有志による「朝鮮に志願兵制度施行の請願」の紹介議員とな

『アサヒグラフ』昭和18年7月7日号
（国立国会図書館所蔵）

り、「内地七千万人の持つ日本精神を、新日本国民である朝鮮二千万人に対して一日も早く植え付け、九千万が一体となってこの非常時を突破しなければならぬ」と力強く演説した。

志願兵も強制連行とする朝鮮総連の主張には、唖然とする人が多いだろう。百聞は一見に如かずで、『アサヒグラフ』昭和18年7月7日号「意氣軒昂たり朝鮮志願兵」の写真を見ると、いずれの青年も引き締まった良い顔をしている。それもそのはずで、数十倍の倍率を勝ち抜いた精鋭たちなのだ。

写真の通り、銃を持って訓練を行っている。強制連行した人に銃を渡し、戦闘訓練を施すなどあり得るだろうか。

同じように、満洲国陸軍軍官学校に日系将校枠で入学した韓国の朴正熙《パクチョンヒ》大統領も強制連行被害者ではない。当時朴青年は23歳で、年齢制限をオーバーしていたため血書嘆願を行った。美談として取り上げた昭和14年3月31日の『満洲新聞』によれば、嘆願書に次のように書かれていた。

甚だ僭越にて恐懼の至と存じますけれども御無理を申しあげて是非國軍に御採用下さいませんでせうか。（中略）日本人として恥ぢざるだけの精神と氣魄とを以て一死御奉公の堅い決心でございます。しつかりやります。命のつゞく限り忠誠を盡す覺悟でございます。（中略）滅私奉公、犬馬の忠を盡す決心でございます。

記事には、将校になれるのは軍籍がある者のみで年齢制限も19歳までなので、「同君には氣の毒ではあるが鄭重に謝絶することになつた」とある。しかし歴史的事実として入学を果たしている。朴青年の熱意を認め、規則を曲げてまで特別の配慮をした日本軍人がいたのだ。そのとき韓国の歴史が動いた。

朴青年は満洲国陸軍軍官学校を主席で卒業すると、日本男児の最精鋭が集う陸軍士官学校への留学を果たし、昭和19年に卒業している。

そのとき大日本帝国陸軍では、李王家当主の李王垠《ウン》殿下が陸軍中将として航空軍司令官の要職につかれていたほか、のちに日本に帰化された李鍵《イコン》公殿下（帰化後は桃山虔一）は陸軍中佐として陸軍戦車学校研究部主事をされ、李鍝《イウ》公殿下（写真）は陸軍少佐として陸軍大学校研究部主事をされていた。当時李王家は大日本帝国の「王公族」として皇族に準じる存在だった。つまり近衛家など旧摂関家の公家や、公爵位を授けられた徳川宗家より上である。李王垠殿下は皇族の梨本宮方子女王殿下と結婚されている。

容姿端麗で知られた李鍝公殿下は学習院から陸軍幼年学校、陸軍士官学校に進まれ、昭和8年に陸軍砲兵少尉に任官された。昭和17年3月から陸軍大学校で日本の国体について研究され、皇軍統帥の大義に関する『日本の戦争と統帥』と題した立派な論文を書かれている。戦後、閑院宮家から防衛研究所に寄贈された殿下の論文は、非常に格調高いものである。

李鍝公殿下

我が國體は、肇國の精神に根源し、我が國の戰争は、國體の顯現に外ならぬ。

（中略）

我が國の戰争が、天業を恢弘して八紘を皇恩によつて掩はんとし給ふものであり、此の御業を妨害し、まつはざる徒に對しての、完全なる皇化作業の姿であると云うことは、前述の通りである。

深い慈愛の手を以て正しい心に導き、正しい姿に矯め、眞の日本の國體を存ぜしめて皇恩に浴さしめ、各々其の處を得せしめて、共に榮え行かしめんとする。此の恩情の姿を、此の恩情を受けず、或は邪心を以て我に寇なし、或は我が國是を妨ぐる者に振ふべき峻厳なる威の鞭とがなくてはならないのである。

殿下はまた、国民の義務についても説かれた。

國民は總て輔翼の責を持つて居る。富貴貧賤は論ずる所にあらず、農民は農民として、漁夫は漁夫として、各種の業者皆夫々の輔翼の道がある。

これと竝行して、總ての國民は、國を統べ給ふ其の命に畏み服し、仰ぎ守り、行つてゆかねばならない。（『日本の戦争と統帥』）

論文は附録部分で、後醍醐天皇に忠義を尽くした楠木正成について詳しく解説している。士官学校同期の井田正孝中佐によれば殿下は日本の古典をよく読まれ、国体への深い識見をお持ちであったという。昭和19年の歌御会始のお題は「海上日出」だったが、殿下は「つはものかさゝくるつゝにてりはえてみなみのうみにはつひかかやく」と詠われている。

翌年、広島で被爆され戦死された。新聞で大きく報道され、阿南惟幾陸軍大臣謹話が発表された。お付き武官だった吉成弘中佐は、殿下を守り切れなかった責任を感じて自決している。

ほかにも何人もの朝鮮人将校がおり、最高位は洪思翊《ホンサイク》中将だった。大東亜戦争で陸軍の戦闘機乗りとして活躍した金貞烈《キムジョンニョル》大尉は、その後韓国の空軍参謀総長、国防長官、駐米大使、サムスン物産社長を歴任し、昭和62年に韓国の首相となっている。これらの人たちが北朝鮮・朝鮮総連の荒唐無稽な主張を聞いたら一笑に付しただろう。

本部ビルを巡る攻防

整理回収機構は朝鮮総連本部ビルを競売にかけるため、実質的所有者が朝鮮総連であることの確認を求める訴訟を起こした。本部ビルの登記名義人が「合資会社朝鮮中央会館管理会」であったため、実際の所有者が誰の目にも明らかでも、ただちに競売にかけられなかったのだ。この名義の問題が、債権回収が進まない主因である。のちに見るように朝鮮総連は、別名義で各地に不動産を所有している。東京地裁と東京高裁は本部ビルの実質的所有者は朝鮮総連と認め、最高裁が平成24年6月27日に朝鮮総連側の上告を棄却したことで確定した。

本部ビルは魑魅魍魎が暗躍する舞台だった。平成19年には元公安調査庁長官が、本部ビル売買をめぐって朝鮮総連から４億８４００万円を騙し取ったとして詐欺の疑いで逮捕され、のちに有罪判決を受けている。ニュースを見ながら「そんな金があるなら返済しろよ」と思った方は多いだろう。

整理回収機構の申立てを受けて東京地裁は本部ビルの競売手続を開始し、平成25年3月、「金日成主席観世音菩薩」を祀る鹿児島市の最福寺が45億１９００万円で落札した。しかし最福寺は代金を用意できず、納付した保証金５億３４００万円を没収されてしまった。10月に再入札が行われて、モンゴル企業「アバール・リミテッド・ライアビリティ・カンパニー」が最高価格の50億１０００万円を提示した。ところがアバール社は、絵にかいたような怪しい会社だった。ＮＨＫとテレビ朝日がモンゴルで取材したところ、アバール社の所在地として登記されているアパートの一室には看板もなく、住人は「関係ない」「会社については何も知らない」と答えている。

筆者はただちに東京地裁総務課に行き、売却不許可を求める請願書を提出した。訴えたのは、アバール社がいわゆる「ペーパーカンパニー」でなく、虚偽の登記による架空会社の可能性が高いということだ。そのため権利義務の主体になりえず、売却不許可事由を定めた民事執行法第71条の「不動産を買い受ける資格若しくは能力を有しない」に該当すると主張した。そして北朝鮮の覚せい剤密売収益の可能性がある、出所不明の50億円による不動産取得を裁判所が認めたなら、日本は「マネーロンダリング天国」と国際社会から厳しく非難されると警告した。現在国際的な枠組みでマネロン対策が進んでいて、違反すると政府間機関の金融活動作業部会（FATF）から指摘され、国際メディアに報道され、その国の金融市場全体が信用を失う仕組みになっている。

一般に国会議員がバックにいない請願はあまり効果がないが、相手が裁判所の場合、議員の介在は逆効果になりかねない。そこで『テレグラフ』の特派員をつとめるかたわら、ドイツ公共放送などにも記事を書くジュリアン・ライアル記者に連絡した。氏は北朝鮮関連で優れた記事を多数書き、拉致問題解決にも貢献している国際的影響力あるジャーナリストだ。ライアル記者はすぐに香港の有力英字紙『サウスチャイナ・モーニング・ポスト』に、アバール社の疑問点と筆者の訴えを紹介した記事を書いてくれた。これはありがたかった。海外有力メディアにマネロン疑惑を書かれたら、裁判所は無視しづらい。裁判所が国際犯罪の舞台になるなど、決してあってはならないことなのだ。筆者が大急ぎで東京地裁に行き、記事のコピーを届けたことはいうまでもない。

記事がどの程度効果を発揮したかわからないが、東京地裁は平成26年1月23日、アバール社の提出書類に不備があったとして売却不許可とした。そして2番目の22億1000万円を提示していた香川県高松市の「マルナカホールディングス」への売却を許可する決定を出した。最高裁が朝鮮総連の不服申立てを退け、代金が振り込まれた後、所有権が移転した。

朝鮮総連の挑発行為

マルナカは平成27年1月、山内俊夫元参議院議員の仲介で、本部ビルを山形県酒田市の「グリーンフォーリスト」という倉庫会社に約44億円で転売した。グリーンフォーリストは民間信用調査会社によれば年間売上2000万円程度で、従業員3人の零細企業である。倉庫の土地は山形県が所有していて地代が発生するし、倉庫の大部分は昭和50年に作られたものなので修繕費用も必要になる。売上2000万円から経費を差し引くと多くは残らない。とてもではないが、44億円の不動産投機を行う会社ではない。不動産転売を業として行う場合に必要となる、宅地建物取引業の免許も受けていない。見るからにダミー会社だった。

売買報道のあと、毎日のように不動産の登記をチェックした。登記簿は、登記を申請してから第三者が見ることができるようになるまで少し時間がかかる。

2月3日、待ちに待った登記簿を見て、筆者は激しい憤りを禁じ得なかった。なんと朝鮮総連自身が極度額50億円の根抵当権を設定して、事実上の買戻しを誇示していたのだ。ワザワザわかるように登記して、「オレたちが買い戻したんだぜ」と挑発してきたのである。

債務者による所有物件の競落は民事執行法で禁止されている。「カネがあるなら弁済せよ」が法の立場だ。一旦競落された不動産についてはは定めがないものの、この実質的な買い戻しは明らかに法の趣旨を潜脱する行為である。

根抵当権設定を行ったのは、朝鮮総連直系企業の「白山出版会館管理会」である。前月まで東京都文京区の朝鮮総連所有ビル・朝鮮出版会館の登記名義人になっていた法人だ。本部ビル（朝鮮中央会館）がよく似た名前の「朝鮮中央会館管理会」名義になっていて、実質的所有者が朝鮮総連との判決が確定したことを考えれば、白山出版会館管理会はもっとも「朝鮮総連そのもの」の法人といえる。ダミー会社などすぐ作れるし、総連系商工人が経営する企業は無数にある。それにも関わらず、あえて「そのもの」の直系企業を出してきたことに明確な意図を感じる。

白山出版会館管理会の役員はいずれも朝鮮総連の錚々たる幹部であり、同社が朝鮮総連と一体であることをよく示している。代表取締役の楊仁元氏は朝鮮通信社の元社長である。前代表取締役で取締役の李仁明氏は、朝鮮総連山形県本部の元委員長で、委員長時代の平成10年、公安調査庁が「スパイ行為」を働いたと抗議する記者会見を開き、謝罪と中止を要求した人物である。取締役の金昭子氏は朝鮮総連の元副議長で、北朝鮮最高人民会議の元代議員であり、かつ在日本朝鮮民主女性同盟（女性同盟）の元委員長だ。また元取締役の崔成英氏は、在日本朝鮮青年同盟（朝青）の元委員長である。

挑発行為を行った理由は、北朝鮮本国に「ここまで日本人どもをコケにしてやりました」と報告し、歓心を買うためではないか？　またもや日本国民は、徹底的にコケにされた。

マネーロンダリング疑惑の追及

本部ビル買収のため平成27年1月、香港からグリーンフォーリストに10億円送金されたことがわかっている。送金したのは、香港に居住する朴敬洙《パクキョンス》氏という女性で、中国人男性と結婚後中国に帰化した元韓国人である。朴氏は香港の「東南海運船舶代理有限公司」という会社の「個人秘書」として登記されていた。同社を含むグループの中心は、香港に本社を置く「東南物流有限公司」という中堅規模の物流・倉庫会社で、香港以外にも中国本土、韓国、インドに事務所があるとホームページにある。

国際的なマネロン対策の枠組み、また国連安保理決議によって、送金された10億円に北朝鮮の武器・麻薬密売収益が含まれていないか確認する義務が日本・香港の両当局に生じる。北朝鮮は過去にも、香港を不法活動の拠点として使ってきた。たとえば平成21年に神奈川県警が摘発したミサイル開発用機器不正輸出未遂事件では、指示役の北朝鮮工作員は香港で登記された会社の役員だった。北朝鮮の密輸に関わる複数の会社が香港で登記されていたほか、北朝鮮の投資誘致機関・朝鮮大豊国際投資グループも香港で登記されていた。香港からの10億円は、十分に疑わしい取引といえる。

松原仁・元拉致問題担当大臣は10億円送金を問題視し、平成27年3月27日に質問主意書を提出した。松原議員の質問「本取引のため、本年一月に香港から日本に十億円が送金されたと複数の報道がされているが、送金の事実を確認しているか」に対して政府は、「お尋ねについては、個別の取引に関する事項であることから、答弁を差し控えたいが、例えば、金融機関について、外国から本邦へ向けた送金により収受した財産が犯罪による収益である疑いがある等と認められる場合においては、犯罪による収益の移転防止に関する法律（平成十九年法律第二十二号）第八条第一項の規定に基づく届出義務が課されている」と答弁した。これは10億円送金について「疑わしい取引」として届出があり、重大な関心を持って調べていることを示唆した答弁といえる。

こうした情報をジュリアン・ライアル記者に伝えたところ、『サウスチャイナ・モーニング・ポスト』で4月12日に記事になった。松原議員の質問主意書について報じるとともに、香港当局にマネーロンダリング捜査の責務があるとする筆者のコメントが紹介された。

さっそく香港特別行政区高官14人の個人メールアドレスを調べ、記事を引用して捜査要請を送ったところ、4月20日に香港金融管理局から「警察のマネーロンダリング捜査部門にも報告してはどうか」と部門の連絡先を伝える返事が届いた。さらに協力してくれる方々に呼びかけて、梁振英・行政長官に多数の捜査要請メールを送ったところ、秘書官から「提起された件を保安局にフォローアップのため転送するとともに、財経事務及庫務局にも参照のため送りました」という返事が、メールを送った人全員に届いた。

10億円の原資が解明されたら、本部ビル問題は新たな局面を迎えていただろう。しかし残念ながら進展はない。

平成29年になって、国連安保理の専門家パネル委員として北朝鮮制裁破りを捜査してきた古川勝久氏が『北朝鮮　核の資金源』という本を出した。47ページに筆者が古川氏に、朴敬洙氏が関係する東南海運の年次報告書コピーを送ったことが書かれている。実はずっと国連に情報提供してきて、専門家パネル報告書には提供した情報が掲載されている。

古川氏によれば、メルセデス・ベンツの中古車3台が神戸港から北朝鮮に不正輸出された平成20年の事件で、東南海運が仲介者となっている。逮捕された東京都文京区の在日コリアンの貿易会社社長は、東南海運から指示を受け、韓国ソウル市の会社を荷受人とする虚偽申告を日本の税関に行っていた。また東南海運は、金正日の61歳誕生日祝賀パーティーに祝賀メッセージを送るなど、長年にわたって北朝鮮と親密な関係にあることがわかっているという。残念ながら海外の企業であるため、不正輸出事件で家宅捜索されることはなかった。

古川氏は、東南海運のオーナー社長・金容成《キムヨンスン》氏について「注目すべき人物である」としている。10億円送金との関係について、全容が解明されるべきだ。

絶望的な債権回収

朝鮮総連は本部ビルをそのまま使っている。名目上でも賃料を払っているなら、賃料を差押えできるはずとの議論があったが、実現していない。無理が通って道理が引っ込んだ。本部ビルは愚弄される司法の象徴となってしまった。

整理回収機構は10年の時効が近づいた平成29年6月、朝鮮総連に対して遅延損害金を含めて910億円を請求する訴訟を東京地裁に起こした。訴えられた朝鮮総連は10年前と違って、徹底無視を決め込んだ。裁判所が指定した期日に出廷せず、準備書面すら提出しなかった。「好きにしやがれ。勝手にやりな」ということだ。本部ビルを買い戻した後であり、十二分に防御を固めたと自信満々なのだ。

民事訴訟は被告が放置すると、争いがないものとして原告の請求が認められる。東京地裁は8月2日、朝鮮総連が無視したことを指摘したうえで「被告において、請求原因事実を争うことを明らかにしないものとして、これを自白したものとみなす」と910億円の支払いを命じる判決を下した。朝鮮総連は控訴しなかったので、判決送達2週間後の8月19日に確定した。この裁判でも印紙代が6295万円かかっている。

この間の10年間で、整理回収機構は1割も回収できていない。本部ビル競売で22億円が入ったほか、朝鮮総連が持つ債権を代位して回収するなどしたが、遅延損害金にも満たない。しかも巨額の経費がかかっているので赤字である。整理回収機構は平成29年時点で40人強が朝鮮総連を担当するが、以前はもっと多かった。整理回収機構全体の役職員数は、朝銀の破綻ラッシュがあった平成11年度が2654人だったが、平成30年度は323人である。8分の

1以下になっている。現在の40人体制でさえ、平均年収が800万円としたら年間に人件費だけで3億円以上かかる。10年なら30億円以上だ。それ以外にも弁護士報酬や多額の調査費用も必要になる。東京・丸の内のビルの家賃だって安くない。

今後の見通しは真っ暗である。本部ビルのような、すぐに競売にかけられる物件はもうない。過去10年間、一生懸命回収に取り組んだ訳であり、11年目から突然取れる奇跡はおきない。一般企業なら、10年以上債権回収を続けること自体があり得ないのだ。

経費だけが飛んでいく。朝鮮総連は余裕だ。

第六章　１００億円の「隠し財産」朝鮮大学校

堂々と所有

これ以上公然たる「隠し財産」はほかにあるだろうか？　裁判所から910億円の支払いを命じられた朝鮮総連は、中核組織名義で100億円の土地を持っているのだ。東京都小平市にある幹部養成校・朝鮮大学校（朝大）の広大な敷地である。朝鮮総連ホームページには住所が出ているし、堂々と看板も掲げられている。事情を知らない人は、北朝鮮の事実上の大使館である朝鮮総連が、治外法権を認められていると勘違いするかも知れない。

呉圭祥元学部長が著した『記録・朝鮮総聯60年』によれば、昭和30年に開催された朝鮮総連中央委員会第二回会議で「朝鮮大学」創立が決定され、担当の委員会が組織された。設立目的として中堅幹部や教育活動家（教員）の養成が掲げられ、昭和31年に開学し34年に現在の場所に移転した。用地買収にあたってトランジスタ工場を作ると偽って売主を騙したことや、北朝鮮本国から資金援助を受けたことは朝鮮総連の刊行物に明記されている。初代学長は韓徳銖《ハンドクス》・朝鮮総連議長で、当初から組織の中核的存在だった。平成30年3月まで学長だった故・張炳泰《チャンビョンテ》氏は最高人民会議代議員で、再入国禁止の制裁対象者だった。

朝大の敷地を調べると一部は借地だったが、1万6666坪は学校法人東京朝鮮学園名義で所有権が登記されていた。テニスコート210面分の広さである。借入を担保するための抵当権は設定されておらず、すぐに売ることができる。不動産業者に問い合わせたところ近隣住宅地の相場は坪60万円くらいとのことなので、単純計算で100億円になる。また同じ町内に教職員宿舎があり、敷地1164坪を所有している。こちらは7億円である。

被害者の日本国民が「朝大を売って返済せよ」と考えるのは至極当然だ。なにしろ朝鮮総連ホームページに少し前まで「朝鮮大学校の存在は、朝鮮総聯と在日同胞が民族史に築きあげた誇らしい業績であり、財産である」と明記されていたほどだ。そう「財産」なのだ。朝鮮学校初級部（小学校）の社会の教科書にも「総連は朝鮮大学校をはじめとする教育機関、金剛保険をはじめとする経済機関、金剛山歌劇団をはじめとする文化機関、朝鮮新報社をはじめとする出版報道機関も持っています」（東京都調査報告書）と書かれている。「持って」いるのである。

朝大の南側にあった第2グラウンドは平成2年、朝鮮総連直営企業「朝鮮特産物販売」の借金のため担保提供された。返済が滞ったため平成24年に競売開始決定がされ、翌年取り下げられるまで差押えを受けていた経緯がある。朝鮮特産物販売は平成27年、北朝鮮産マツタケの不正輸入事件で摘発され、社長や許宗萬議長の次男が外為法違反と関税法違反で有罪判決を受けた会社である。認可権者の東京都は担保を抹消するよう指導を続け、結局グラウンドは売却されて代金は返済に回された。グラウンドだけでなく敷地全部を売却して、日本国民に返済すべきではないか。

金正恩の親衛隊が日本に

売却・解体が進まないため、朝大の恐るべき反日教育が黙認状態となっている。平成28年9月20日付の産経新聞によれば、朝大創立60周年記念行事で「大学内で米日帝国主義を壊滅できる力をより一層徹底的に整える」と書かれた金正恩宛の忠誠文が読み上げられ、日米敵視教育を積極的に推し進める考えが表明された。また張学長は朝鮮総連の許宗萬議長から「米国の孤立圧殺を展開中だ。金正恩元帥さまを最高尊厳として推戴し、民族教育事業の革新を引き起こすため総決起しろ」との指示を受け、幹部会議を通して在校生に伝達している。

朝大の学生は在日本朝鮮青年同盟（朝青）への加盟を義務づけられていて、全寮制でカンヅメになりながら政治学習を行っている。全国組織の朝青のなかで、朝大の支部である「朝青朝大委員会」は特別の地位を占めている。朝大の学生は、朝大委員会として文科省抗議等の示威行動にも参加している。

朝大の政治学習は、主に学生組織である朝青のミーティングを通して行われている。学部の講義が中心ではない。政治経済学部には「主体哲学」という専門科目があり、経営学部や文学歴史学部にも「現代朝鮮政策」という教養科目があるが、科目全体から見たら一部である。そのため朝大の科目一覧だけを見て、「政治学習は重視されていない」と判断するのは誤りある。むろん政治学習をしっかりやっている。朝大はそのための機関といっても過言ではない。

朝青中央の代表団は、平成28年8月に一時帰国している。28日に「金日成社会主義青年同盟第9回大会」に参加したとき、朝青中央の金勇柱《キムヨンジュ》委員長に対して金正恩が、「セセデ（新しい世代）たちを強く信じている」「総連の活動家たちによろしくお伝えください」と直接声をかけている。さらに30日の記念撮影時に金正恩は、「今後の活躍に期待している」と激励した。金正恩による直接の声かけは、北朝鮮で破格の待遇である。

大会で金正恩は、「青年は決死隊になれ」と演説し、組織の名称を「金日成・金正日主義青年同盟」に改称させた。つまり「オマエらはオレの親衛隊だぞ」ということだ。

涙を流さんばかりに感激した朝青は、次の「課業」を定めた。

課業1　青年同盟を金日成――金正日主義化しよう。

課業2　青年同盟と青年たちは社会主義強国を建設する運動で先陣を切ろう。

課業3　祖国の自主的統一と世界の自主化を実現するために、積極的に活動しよう。

そして「金日成――金正日主義青年運動の最盛期を切り拓くための方途」として、「青年同盟に対する党の指導を強化する」と定めた。

朝青は、日本人拉致をはじめとする人道犯罪を行い、日本を核兵器で脅す金正恩体制を熱烈に支持し、党の指導に積極的に従うと宣言しているのだ。朝大と一体のこの親衛隊組織は危険極まりない。朝鮮総連は破壊活動防止法に基づく公安調査庁の調査対象だが、中でも朝青は、特に厳重監視すべき傘下団体といえる。

壮絶なリンチ

朝大は権力闘争に伴う凄惨なリンチの舞台となったところだ。少し古い話だが、朴庸坤《パクヨンゴン》元副学長（元朝鮮総連中央委員）の自叙伝『ある在日朝鮮社会科学者の散策』から引用したい。

机や椅子が片づけられた研究室に同僚が集められた。康某が正面に座り、「いまから鄭淵沼の組織的総括をはじめる」と甲高い声で宣言し、「はじめ！」と号令した。研究室の真ん中の椅子に座っていた彼に、フクロウ部隊のテコンドウで鍛えた青年たちが襲いかかった。ひとりが鄭淵沼の胸元を足で蹴り上げた。鄭は後ろに吹っ飛んだ。さらに別のひとりが鄭を持ち上げ、背中を蹴り上げた。鄭は前にぶっ倒れ、口から血を吐いた。倒れた鄭をさらに数名で交互に殴り、蹴った。凄惨なリンチだった。私は顔を背けた。恐怖心で足が震えた。康某が「お前が死んだら錘をつけて村山貯水池へ放り込んでやるぞ。痕跡は残らんぞ」と、うそぶいた。これが教壇に立った教師の言葉なのか、と驚愕した。加害者側の人格も完全に破壊され、まるで地獄で亡者を追う赤鬼、青鬼に変じていた。

倒れた相手を蹴るのは極めて危険である。力が逃げないからだ。死者が出ていても不思議ではない。筆者は日中戦争を戦った人物から、便衣兵（民間人を装って攻撃を行う兵・陸戦法規の適用外）が倒れたところを上から首を蹴り続けたら、すぐに死んだ話を聞いたことがある。

ちなみに高校に相当する東北朝鮮高級学校では昭和57年、河吉成君という北海道旭川市出身の16歳の少年がリンチで殺されている。当時上級生だった朝日新聞記者・金漢一《キムハニル》氏の著書『朝鮮高校の青春　ボクたちが暴力的だったわけ』によれば、殺害された理由はなんと、日本人を殴りに行く義務を果たしていなかったからだという。

全寮制の同校では、1年生は日曜日に町に出て日本人を殴るという「規律」があった。ところが1月31日の日曜日、日本人の若者集団に攻撃され退散を強いられたことで、数人の1年生が町に出ていなかったことが発覚した。「たるんでいる。ヤツらが2年に上がる前に一度締めよう」ということになり、2年生数人が1年生を文化室に招集し、「ヤキ」を入れた。同校の「ヤキ」は、正座させたうえで殴ったり蹴ったりするもので、木刀やスキー靴が使われることもあった。その結果暴行を受けた河君が意識不明となり、病院に運ばれたが翌日午前1時すぎに死亡した。事件後ＯＢたちが学校を訪ねてきて、多くは「限度を知らない」と上級生を非難したが、中には「殺すなら日本人にしろ」と発言する人もいたという。

毎週日曜日の日本人への暴行では、恐喝も行われていた。金氏は自分の体験を次のように語る。

カツアゲのとき、僕たちは「カネを貸せ」なんて遠回しな表現はあまり使わなかった。ズバリ「出せ」と脅していた。

法律的にいけないことだというのは十分わかっている。繰り返すと警察に捕まるリスクが高まるのも承知している。先輩から命令されてやっていることが多いので、二人、三人とカツアゲをくり返しても目標額に達しないとあせってくる。

カネを持っているという前提で突っかかるため、徹底的に調べる。持っていないとなると、ジャンプさせて小銭があるかをチェックし、ジャケットの裏ポケットはもちろん、靴を脱がせて靴下のゴムの部分だってチェックする。

ここまで時間をかけて実入りが少ないと本当に腹が立つ。

基本的には、自分たちと同等かそれ以上に強そうな相手を探さなければいけないのだが、次第にとにかくカネを持っていればいいという気持ちになってくる。

あるとき、ボンタンなんてはいていないが、ちょっと髪形が生意気な感じがする奴が歩いてきた。とりあえずやり過ごすと、後ろポケットに札入れをさしている。

ラッキー！　そいつを追いかけて、街角で因縁をつけ、テナントが入っているビルのトイレに連れて行った。

「ハイハイ、出します。出します」

調子のいい奴というのは、なぜ、ハイを二度繰り返すのだろうか。

これでノルマ達成だ、と安心していると、札入れに入っているのがたった一〇〇〇円だったりする。

「てめえ、カネを持ってねえくせにこれみよがしに後ろポケットにさしてんじゃねえ！」

ここからは別な理由で、そいつをボコボコにする。生意気な奴らよりも、もっと殴っていたりして。

当時は、まだ給料を手渡ししている会社も多かったのだろう。給料袋をそのまま出してくる人もいた。

「お前、結婚してねえのか？」

「し、してます」

「カネなくてどうやって生活すんの？」

「できません。実は困るんです」

「だったら戦えよ、素直にカネだすな。このバカ野郎！」

まるで説教強盗だ。自分たちから突っかかっておいて、また殴ったりする。なかには、本当に給料袋をそのままいただいてくる奴がいた。

「おまえ、それはひどすぎるんじゃない?」

「チョッパリに何をしようが構わないよ」（金漢一『朝鮮高校の青春 ボクたちが暴力的だったわけ』）

河君がリンチで殺された翌日の河北新報夕刊に、「朝鮮学校の生徒変死」という記事が出た。その中に「異例の慎重捜査」として、「仙台南署は事件発生から半日以上経過した一日昼になっても校内への立ち入りを見合わせるなど、この種の事件としては一見スローモーともいえる異例の慎重捜査で臨んでいる」とある。警察はいったん学生寮に立ち入る構えを見せたが、校内に入ったところで学校関係者から「校長が不在だ」と立ち入りを拒否され、検証令状を請求したのは1日午前11時すぎだったという。当時としては一般的な対応だったかも知れない。長い間政府機関や地方自治体は、朝鮮総連に対して明らかに腰が引けていた。

「まえがき」でも紹介したが、韓光熙氏は北関東の警察署に怒鳴り込んだときのことを次のように書く。

「朝鮮人だというだけで犯人扱いか!」

「民族差別だ！」

私たちは全員で激しく机を叩いて喚き散らした。

そこにいた全員が呆気にとられてこちらを見ている。

これは我々朝鮮総連の悪い癖である。

日本の当局と交渉するにあたっては、何かにつけて「民族差別」だの「過去の歴史」だのを持ち出してことさら猛々しく振る舞い、理不尽な要求でものませようとする。そうすると、敗戦によって贖罪意識を植えつけられている日本人は決まっておとなしくなってしまうのだ。この方法はたいていうまくいった。（『わが朝鮮総連の罪と罰』）

そうした日本側の姿勢は、多くの善良な日本国民が犯罪に泣く結果を生んだだけでなく、日本から流出したカネと技術で核兵器が作られ、広島・長崎の惨劇が再び起きかねない事態を招いた。大量破壊兵器拡散で危険が増した諸外国からすれば、「日本はなにをやっていたのだ。無責任極まりない」と非難したいところだろう。日本は拡散防止の国際義務を果たしていなかった。「配慮」の対象を間違えていた。

朝鮮大学校の国連制裁破り

朝大では、国連安保理決議で禁止された危険分野が教えられている。また朝大教授の中に、東大生産技術研究所で学び、北朝鮮ミサイル開発で重要な役割を果たした人物がいる。現在筆者らは認可権者の東京都知事に朝大認可取消を訴えるため、幅広い人脈を持つ埼玉県の鈴木正人県議を通して働きかけを行っている。

平成28年3月に採択された国連安保理決議第2270号は、北朝鮮国民への核・ミサイル開発に寄与し得る分野の専門教育又は訓練を防止すると決定し、禁止対象として応用物理学、宇宙航空工学、航空工学等を例示した。さらに同年11月に採択された決議第2321号は、禁止分野として追加で先端材料科学、先端化学工学、先端機械工学、先端電気工学、先端生産工学を例示し、これらを含むが、限定されないことを明確にした。

簡単にいえば、在日を含む北朝鮮国民に、先端電気工学など核・ミサイル開発に流用可能な技術を一切教えてはならない、ということだ。日本を含むすべての国連加盟国は阻止する責務を負っている。これは安保理の「決定」であり、強い拘束力を持つ。必ず守らないといけない。特に我が国の法体系で安保理決議は一般の法律より上位であり、ただちに取り締まる必要がある。もしも放置したなら、我が国は国際社会の一員としての資格を失う。

ところが筆者が入手した朝大発行の文書によれば、理工学部の専門科目に「原子核物理学」

「電子工学実験」「電子機械」「電子材料」「制御工学」「電子物性工学」「機能材料」「半導体工学」「化学専攻実験」がある。また4年次に「生産技術実習」がある。これらは読んで字のごとく禁止対象に該当する。理工学部の「電子情報工学科」は、学科の名前からしてそのものだ。朝大の教員・学生の多くは北朝鮮国民なので、国連制裁違反である。

安保理決議が採択されるとすぐ、朝鮮大学校を「各種学校」として認可している小池百合子東京都知事宛に、認可を取り消すよう求める請願書を個人として提出した。しかし動きはない。そこで多くの拉致問題関係者の総意として、都知事に面会して訴えることを希望している。

理工学部でロボット関連技術を教える崔興基《チェフンギ》教授は、金正日がミサイル開発の核心技術としたCNC（コンピューター数値制御）の元を北朝鮮にもたらした功労者である。金正恩が表舞台に初登場したとき、本人の象徴として「CNC」とマスゲームで描かれたほど、北朝鮮はこの技術を重視している。金正日を称賛した朝青機関紙『セセデ』2018年2月号の「今日を照らす総書記の想い」という記事は、CNCの重要性を次のように記している。

総書記の偉業は星の数ほどあるが、今回は、国家核武力の完成と経済の発展に焦点を当てる。

金日成主席が逝去し、帝国主義国家がこぞって共和国に弾圧を加えた時期、自然災害にも見舞われ、共和国では「苦難の行軍」を強いられた。

総書記は当時、厳しい生活下でも、今は飴玉より銃弾がもっと貴重だとし各地を飛び回り、生涯、先軍の一路を辿られた。

国家の金庫にあったわずかなお金をCNCへと注いだ話は有名だ。

「そのとき、私の脳裏には戦後復興建設時期に機械から飯が出るのかと騒ぎたてた分派勢力たちに、機械から飯も出るし様々なものがすべて出てくると話された主席の言葉が浮かびました。私は主席のその言葉を刻みながら少しも揺らぐことなく貴重な資金をCNC化に回そうと決意したのです」

昨年、歴史的大業を成し遂げるための最後のピースであった「火星シリーズ」の技術的スタートは、「光明星—1」号にある。自力で作り上げた初めての人工衛星だ。この部品はすべてCNCで加工せざるを得ない。だからこそ、総書記はCNCにこだわったのだ。（『セセデ』）

CNCはNC（数値制御）を高度化させたものである。朝鮮総連が発行する月刊誌『イオ』は、崔教授の業績を次のように賞賛した。

一九八二年、崔さんは同胞研究者らと祖国の汎用旋盤「クソン三号」を改造し、NC

（数値制御）化を成功させた。工作機械のＮＣ化はハンドル操作による手動方式に比べて精度も安定し、それまでの熟練工による操作を誰もがおこなえることから、祖国が「技術革命」の旗印を掲げ工場の自動化に本格的に取り組む上で貴重な礎石になった。崔さんは「実用的であることが工学の絶対条件です。自分の研究が祖国の科学発展に寄与できるなら本当にうれしい」と話す。（『イオ』１９９７年12月号）

『イオ』は崔教授の経歴として、旋盤のＮＣ化を成功させる前に「七六年から一年間、東京大学生産技術研究所大島研究室研究員として学ぶ」と記している。東大の技術が北朝鮮で発展し、ミサイルを完成させ、いま私たち日本国民の生命を脅かしているのだ。

山谷えり子議員率いる自民党拉致問題対策本部は平成29年、この問題を党から政府への提言書で取り上げた。提言の６番に簡潔にまとめられている。

六、朝鮮大学校を含め国内の教育研究機関に対し、北朝鮮の核・ミサイル開発に寄与し得る分野に関する北朝鮮国民への専門教育又は訓練を防止するとの国連安保理決議の義務を履行するために必要な措置を講じること。

提言の１番でも同じ安保理決議条項が引用され、制裁強化を求めている。

一、北朝鮮を渡航先とした再入国禁止の対象者を更に拡大し、朝鮮総連の中央常任委員会委員及び中央委員会委員、核やミサイルの技術者に加え、応用物理学、応用コンピューター科学、地理空間ナビゲーション、原子力工学、航空宇宙工学、航空工学、先端の材料科学、化学工学、機械工学、電気工学及び産業工学を含む関連分野等、国連安保理決議に例示された北朝鮮の機微な核活動及び核兵器運搬システムの開発に寄与し得る者も対象とすること。

本部長の山谷議員、事務局長の塚田一郎議員、事務局次長の山田賢司議員は平成29年4月12日、官邸で安倍総理に面会し、提言書を手交して実現を要請した。

流出した技術は取り戻せない。しかし与党の提言は大きな一歩だった。

ほかにも各地に財産が

裁判所の910億円支払い命令を無視する朝鮮総連は、上野駅前の一等地にもビルを持っている。朝鮮総連の中央団体や事業体が7つも入る「朝鮮商工会館」だ。敷地は64坪あり、抵当権は設定されていない。不動産業者によれば評価額は坪400から450万円とのことなので、更地にすれば2億5000万円以上になる。名義は昭和34年以来ずっと「株式会社朝鮮商工会館」で、その代表取締役は在日本朝鮮商工連合会の元会長だ。警察庁広報誌『焦点』286号の「北朝鮮の対日有害活動」解説には、「朝鮮総聯傘下の朝鮮商工会館」と明記されている。

朝鮮商工会館には平成28年2月と29年2月に、警察の家宅捜索が入っている。28年の家宅捜索について北朝鮮の朝鮮中央放送は「日本の安倍政権の反共和国・反総聯制裁策動の一環であり、共和国の国家主権を侵害して総聯活動家と在日同胞を一層迫害し、総聯を何としても抹殺しようとする重大な政治テロ行為である」（『焦点』）と非難した。北朝鮮＝朝鮮総連が、我が国の法律を尊重する意思が全くないことを、またもや明らかにした。

それ以外にも東京都板橋区にある朝鮮総連の教科書会社「学友書房」の立派なビルも所有物件で、抵当権は設定されていない。朝鮮総連は前述の朝鮮通信社のほか、機関紙などを発行する出版社、保険会社、旅行会社なども経営する。一大コングロマリットといっていい。

しかし差押えできない。名義が違うからだ。朝鮮総連が朝大を「財産」であり「持って」いると公言していても、名義が東京朝鮮学園なので、裁判所執行部は受け付けない。朝鮮総連は法人格を持たない「権利能力なき社団」なので、資産は傘下の法人名義になっている。実質的所有者が朝鮮総連だと裁判で立証するのは、現状では非常に難しいのが現実だ。整理回収機構に認められた「財産調査権」は弱く、詰め切れない。職員は一生懸命やっているだろうが、権限が弱ければ如何ともしがたい。強制捜査をしなければ、実質的所有者であることを立証する証拠や証言は得られない。

実は東京地裁の910億円支払い命令判決では、朝鮮総連の地方本部さえも差押えできない。立派な持ちビルに入る地方本部もあるが、手も足も出ないのだ。たとえば岐阜県本部ビルの登記名義人は、同ビルを本店所在地とし県本部委員長を代表取締役とする「有限会社岐朝興産」だ。朝鮮総連本部ビルの登記名義人だった朝鮮中央会館管理会同様、朝鮮総連と一体であることは誰の目にも明らかである。しかしどうにもならない。

北朝鮮政府は甘くみて、無茶苦茶なコメントを出している。『サウスチャイナ・モーニング・ポスト』は平成29年9月24日、筆者への取材をもとに朝銀破綻の記事を掲載したが、北朝鮮政府の非公式スポークスマンとされる朝米平和センターの金明哲《キムミョンチョル》所長の反論も紹介した。

「朝鮮総連はそのカネ（朝銀破綻で日本が負担した公的資金）を返済する必要などない。日本政府によって経営権が取り上げられたからだ。現在責任は完全に彼らの手にある」

北朝鮮が日本人拉致被害者の家族に、遺骨だといって動物の骨を送りつけてきたのと同様の態度だ。現状は事実上の債務免除状態となっている。

第七章　朝鮮総連の拉致への関与

構成員が犯行に加わった事案

朝鮮総連をギャフンといわせる策を示す前に、この組織が日本でなにをやってきたか見ていきたい。まずは政府が、最重要かつ最優先の課題として取り組む拉致問題である。北朝鮮で助けを待つ同胞の救出は、日本国民の悲願だ。

北朝鮮による拉致はほんの一部しか明らかになっていないが、それでも朝鮮総連構成員の関与が複数件で明らかになっている。河村たけし議員が提出した質問主意書に対して政府は平成19年7月10日、次の答弁を閣議決定した。

公安調査庁としては、現時点において、昭和四十九年六月に発生した姉弟拉致容疑事案、昭和五十三年六月に発生した元飲食店店員拉致容疑事案及び昭和五十五年六月に発生した辛光洙事件において、それぞれ朝鮮総聯傘下団体等の構成員の関与があったと承知している。

警察庁の松本光弘警備局長は平成29年12月5日の参議院内閣委員会で、和田政宗議員の質問に同様の答弁をしている。

これまで、過去の拉致事件の中で、昭和五十三年六月頃に元飲食店店員拉致容疑事案というのがございまして、これは田中実さんという方が拉致されたと認定しておりますが、また、昭和五十五年六月にはいわゆる辛光洙事件というのがございまして、原敕晁さんという方が拉致されたということでございますけれど、この二つの事件につきましては朝鮮総連関係者の関与を確認しているところでございます。

昭和53年に拉致された田中実さんは不幸な身の上だった。家庭の事情で、神戸市内の養護施設で育っている。神戸工業高校卒業後に市内のいくつかの職場を経て「来大」というラーメン店で働いていたとき、北朝鮮工作員に目を付けられた。韓龍大《ハンヨンデ》店主が朝鮮総連構成員で、かつ「洛東江《ナクトンガン》」という工作員組織のメンバーだったのだ。前述の張龍雲氏が所属していた組織である。

張氏によれば韓店主は、山口県長門市近くの海岸から潜水艦で密出国し、平壌の非公開招待所で暮らして任務を与えられ、再び日本に密入国している。そして田中さんを騙し、海外に誘い出し、ウィーン経由で北朝鮮に送りこんだ。捜査当局が田中さんの当時の交友関係を洗い直したところ、親しい知人に「マスター（韓店主）に頼まれた手紙を北朝鮮に持っていけば大金が手に入る」と打ち明けていたことがわかった。

神戸工業高校で3年間、田中さんの担任だった元教師の渡辺友夫氏は、「家族がない分、人の情に弱く、北朝鮮工作員の甘い言葉に乗せられたのではないか。もっと卒業後もフォローしてやればよかった」と語った。孤独な日本人青年を狙った北朝鮮のやり方は、実に卑怯である。

韓店主の上司だった洛東江の曹廷楽《チョジョンガリ》・元責任者は、いま神戸の高級住宅地の立派な家に住み、悠々自適の生活をしている。ノンフィクション作家・福田ますみ氏による『新潮45』平成29年3月号のスクープ記事によれば、家を共有する義理の息子は再入国禁止対象者である京都大学原子炉実験所の卞哲浩《ピョンチョルホ》准教授だ。再入国禁止は、北朝鮮に渡航したら日本への再入国を認めない制裁措置で、政府が事実上スパイ認定したということだ。科学者・技術者では「北朝鮮のフォン・ブラウン」といわれるロケットエンジンの権威・徐錫洪《ソソクホン》博士はじめ数人が制裁対象になっている。

なんの罪もない田中さんが、北朝鮮に拉致されて40年も囚われの身だというのに、拉致を実行した工作員組織の元親玉は、日本で自由を満喫している。昔の工作員仲間と飲みながら、義理の息子の自慢でもしているのだろうか？　なんたる不条理だろう。

昭和55年に拉致された原敕晁《ただあき》さんも孤独だった。長崎市生まれの原さんは、幼いころに母を亡くし、兄夫妻のもとで育った。拉致されたときは43歳で独身。アパートで一人暮らしをし、友人も多くなかったという。朝鮮総連傘下の在日本朝鮮大阪府商工会の李三俊《リサムジュン》理事長が経営する「宝海楼」という中華料理店で働いていた。

そのとき日本に密入国していた北朝鮮工作員の辛光洙《シングァンス》容疑者は、日本人に成りすまして工作活動を行うために「背乗《はい》り」対象を拉致せよと指令を受けていた。辛容疑者は韓国で逮捕されたあと自供して、確定したソウル地裁の判決文で活動内容を知ることができる。北朝鮮本国が見つけ出して拉致するよう命令したのは、日本国籍で独身、身寄りがなく、辛容疑者に近い45歳から50歳くらい、警察に写真や指紋を取られておらず、パスポートの発給を受けたことがない男性だった。

　同じ時期、辛容疑者の部下だった金吉旭《キムキルウク》容疑者も拉致の指令を受けていたが、対象者探しで苦労していた。金容疑者と辛容疑者を引き合わせたのは朝鮮総連関係者だった。警察庁の城内康光警備局長（後の警察庁長官・城内実議員の父）は昭和63年3月26日の参議院予算委員会で、「この北朝鮮工作員金吉旭が一九七八年に次のような指示を上部から受けておるということを承知しております。すなわち、四十五歳から五十歳の独身日本人男性と二十歳代の未婚の日本人女性を北朝鮮へ連れてくるようにという指示を受けていたということでございます」と答弁している。

　ちなみに金容疑者は、大阪の朝鮮初級学校の元校長である。覚せい剤２５０キロ密輸の曺奎聖容疑者といい、日本人拉致の金容疑者といい、朝鮮学校の元校長は率先垂範型が多いようだ。10代の少年たちに「祖国の００７」は格好よく映るはずであり、悪影響が心配だ。朝鮮学校を公金で補助すべきかどうかの議論があるが、筆者には自明に思える。

辛容疑者と金容疑者は必死で拉致対象者を物色したが、条件に合う日本人を見つけることができなかった。そこで在日本朝鮮大阪府商工会の李吉炳《リキルピョン》会長に相談したところ、宝海楼を経営する李理事長に依頼がいき、李理事長が「自分の店で働く日本人のコックはどうか?」と持ちかけてきた。原さんの人生が暗転した瞬間である。

原さんの拉致は、貿易会社への転職を世話すると持ちかけてから、「社長の別荘で会おう」といって宮崎県に連れて行く手口で行われた。商工会の李会長が架空貿易会社の「社長」、辛容疑者が「専務」、金容疑者が「常務」の役を演じて原さんを騙した。シナリオは大阪・新御堂筋のフグ料理店3階で謀議して練ったものだった。用意周到に毒牙にかけたのだ。そして宮崎県のホテルで原さんに酒を飲ませて酩酊させると、「海岸に散歩に行こう」と誘った。海岸には4人の戦闘工作員が待機していて、原さんをゴムボートに乗せて連れ去った。

昭和55年といえば、モスクワオリンピックのボイコットで揉めた年である。まだソビエト連邦が「悪の帝国」(レーガン大統領発言)として君臨していた頃である。そんな昔から、原さんはずっと囚われの身のままだ。現在の日本の刑法で、有期刑の上限は30年である。原さんは日本国民として真面目に生きていただけなのに、犯罪国家・北朝鮮によって30年をはるかに超える期間自由を奪われている。

辛容疑者は昭和60年、原さん名義のパスポートで韓国に潜入して逮捕され、死刑判決を受けた。しかし平成12年、非転向長期囚として北朝鮮に送還されてしまった。北朝鮮では英雄の待遇を受けている。

辛容疑者には日本に強力な援軍がいた。菅直人議員や土井たか子議員らが釈放嘆願に名前を連ねたのだ。これについて当時官房副長官だった安倍晋三議員は平成14年10月19日、「（辛容疑者などの）釈放運動をおこし、盧泰愚政権に要望書を出した人たちがいる。それが土井たか子、あるいは菅直人だ」「この2人は、スパイで原さんを拉致した犯人を無罪放免にしろといって要望書を出したという、極めて間抜けな議員なんです」と厳しく批判した。確かに犯罪的なほど間抜けである。

その後、拉致被害者の地村保志さんと妻の富貴恵さんが帰国すると、辛容疑者が地村さん夫妻の拉致にも関わっていたことが明らかになった。現在辛容疑者は2件の拉致で国際手配されている。原さん拉致を認めた金容疑者も同じく国際手配されている。しかし、引き渡しを受けて真相解明する見込みは立っていない。商工会の元会長と元理事長は犯行を否認して逮捕されていない。

昭和49年の姉弟拉致事件は、北海道帯広市出身の渡辺秀子さんの長女の高敬美《コキョンミ》さん（当時7歳）と高剛《コガン》さん（当時3歳）が拉致された事件である。2人は日本国籍でないため、拉致被害者支援法に基づく被害者認定を受けていないが、警察庁は北朝鮮による拉致と判断して主犯の洪寿恵《ホンスヘ》こと木下陽子容疑者を国際手配している。

渡辺さんは殺された疑いが濃厚だ。北朝鮮工作員に日本国民殺害容疑がかかっているのであり、絶対に見過ごされてはならない事件だ。

渡辺さんの夫の高大基《コテギ》氏は北朝鮮の工作員で、東京都品川区にあった「ユニバース・トレイディング」という貿易会社を拠点にしていた。産経新聞によれば同社は、朝鮮総連の金《キム》炳植《ビョンシク》第1副議長が設立し、朝鮮労働党の工作機関「統一戦線部」の指揮下にあった。高氏が北朝鮮に召喚されたあと、木下容疑者がユニバース社の実質的責任者となった。木下容疑者は朝鮮総連の傘下組織で、日本の大学・専門学校に通う在日コリアン学生の団体である在日本朝鮮留学生同盟（留学同）出身である。日本国籍を持つ工作員の男と結婚し、自らも日本国籍を取得している。

渡辺さんは夫が姿を消したため、2人の子供とともにユニバース社を訪ね、その後行方不明になっている。産経新聞によれば木下容疑者はパリにある北朝鮮関連機関から「親子を本国につれてこい」と拉致の指令を受けたものの、独断で渡辺さん殺害を決めた。子供と離れて監禁されたことに渡辺さんが抗議して、激高したためという。木下容疑者についてユニバース社関係者は警察の調べに、「身勝手で激情家」「ヒステリック」と供述している。渡辺さん殺害後も、遺体を遺棄したと平然と話していたという。遺体は発見されていない。

木下容疑者は北朝鮮にいると見られる。国際手配される前は長野県の親族らに頻繁に金を無心する連絡があった。時間がかかっても必ず法の裁きを受けさせる必要がある。

拉致を可能にした周到な準備

朝鮮総連構成員は、日本人拉致を成功させる上でカギとなる工作船接岸・工作員侵入ポイント作りも行っていた。韓光熙氏は昭和40年代に3年から4年かけて、北海道から鹿児島まで全部で38ヶ所ものポイントを作ったと告白している。むろんほかの工作員が作ったポイントもあり、韓氏は「北朝鮮の工作員が上陸する侵入ポイントは、現在、日本国内におそらく一〇〇カ所以上あるものと推測される」（『わが朝鮮総連の罪と罰』）と述べる。

指令は北朝鮮からくる。まず日本の漁船を装った工作船が海上から、海岸の近づきやすそうな場所の写真を撮る。その写真が北朝鮮から韓氏のもとに届くと、配属されている朝鮮総連傘下団体に「風邪をひいたので2週間ほど休みをもらいたい」といって偵察に出かける。風邪程度で「これから2週間休む」などと一般企業では到底言い出せないが、朝鮮総連の場合は各自が秘密任務を持っているので、お互い詮索しあわない不文律があったという。出張費は朝鮮総連直営企業（配属先とは別）から韓氏の銀行口座に潤沢に振り込まれてきた。そのため列車は特等か一等しか乗らなかった。

現場付近の駅に着くと、まずはその土地の洋品店で服をあつらえた。韓氏によれば当時は地方によって人々の服装が微妙に違っていたので、怪しまれないように現地で買うのだ。朝鮮総連の工作員は用意周到である。

北朝鮮が指定してきた場所周辺では、付近の灯台の位置、近くを通るバス停の時刻表、一番列車の時刻、電車運賃、交番の位置などをチェックする。釣り人を装って商店で聞き込みも行う。さらに暗くなってから海岸線を歩き回って、工作員の潜入に適した岩場の多い場所を探す。潜入ポイントを開拓すると、様々な角度から写真を撮り、詳細な報告書にまとめて上司に報告した。上司というのは朝鮮総連直営企業の専務とその弟である。

韓氏によれば、土地によって他所者への警戒心が大きく異なるという。東北地方は全般に警戒心が強い。青森県では警察官に尾行されて、全力疾走で逃げて翌朝まで岩場に身を潜めていたことがある。山陰地方や九州も比較的警戒心が強い。それに比べて新潟県、富山県、石川県は、「人々の気性が大らかで、行動が容易であった」という。

政府認定の拉致被害者に限っても横田めぐみさん、曽我ひとみさん、曽我ミヨシさん、蓮池薫さん、蓮池祐木子さんが新潟県から拉致されている。県あたりの被害人数では新潟県が突出している。

新潟の人は全般に心優しく親切だ。そうした美点が拉致という卑劣な犯罪のため、北朝鮮・朝鮮総連に利用されたならば本当に許せない。

韓光熙氏がつくった工作船接岸・工作員侵入ポイント

（『わが朝鮮総連の罪と罰』）

1　北海道古宇郡泊村盃
2　北海道瀬棚郡瀬棚町最内沢（蠟燭岩）
3　北海道檜山郡江差町椴川
4　青森県東津軽郡三厩村袰内（龍飛崎屛風岩）
5　青森県北津軽郡市浦村十三（十三湖大橋）
6　秋田県山本郡八森町八森（塩浜温泉）
7　山形県飽海郡遊佐町女鹿
8　山形県飽海郡遊佐町菅野（吹浦川河口）
9　山形県酒田市酒野辺新田（赤川河口）
10　山形県鶴岡市湯野浜
11　新潟県両津市黒姫
12　新潟県相川市藻浦崎
13　新潟県佐渡郡小木町宿根木（新谷岬）
14　新潟県北蒲原郡紫雲寺町（加治川河口）
15　新潟県西蒲原郡弥彦村野積
16　新潟県西頸城郡青梅町親不知（鬼ヶ鼻）
17　富山県下新川郡入善町芦崎（黒部川河口）
18　富山県高岡市太田（雨晴）（雨晴海岸）
19　富山県氷見市氷見（新川河口）
20　石川県羽咋郡富来町前浜
21　福井県坂井郡芦原町城
22　京都府宮津市日置
23　京都府宮津市岩ヶ鼻
24　兵庫県城崎郡香住町香住（香住海岸）
25　鳥取県鳥取市浜湯山（鳥取砂丘）
26　鳥取県鳥取市伏野（白兎海岸）
27　鳥取県東伯郡羽合町長瀬（天神川河口）
28　鳥取県米子市皆生（日野川河口）
29　島根県浜田市下府町
30　島根県益田市中須町（益田川河口）
31　山口県大津郡（青梅島鼻繰岩）
32　山口県豊浦郡豊浦町宇賀本郷
33　山口県下関市福江
34　佐賀県唐津市東唐津（虹ノ松原付近）
35　鹿児島県出水郡野田町深田（番所ノ鼻）
36　鹿児島県阿久根市佐潟
37　鹿児島県日置郡吹上町塩屋堀（吹上浜）
38　鹿児島県肝属郡佐多町（佐多岬）

８００人以上の特定失踪者

ようやく最近になって、政府が認定した17人以外にも拉致被害者が大勢いることが一般に知られるようになった。以前はほとんど知られていなかった。東アジア情勢分析を業務とする各国の在京大使館でさえ知らなかったほどだ。

平成23年から24年にかけて、元仙台市長の梅原克彦氏（元駐米公使）の指導を受けながら、被害者家族の藤田隆司さんや救う会埼玉の竹本博光代表らとともに40以上の大使館を訪問して、拉致問題解決への助力を要請した。梅原氏の顔で大使や公使に会うことができたが、政府認定拉致被害者以外に被害者がいると知っていた大使館は僅かだった。それどころか、拉致問題の重要性さえあまり知られていなかった。イタリアの大使が「拉致問題を説明にきたのはあなたたちが最初だ」と驚いていたことが印象に残っている。

警察庁は政府認定の拉致被害者以外に、北朝鮮による拉致の可能性を排除できない行方不明者が８００人以上いると発表している。いわゆる「特定失踪者」である。その中には藤田隆司さんの兄、藤田進さんのように、拉致の証拠が揃っていて国連から認定されている被害者も含まれる。

藤田進さんは東京学芸大学の1年生だった昭和51年2月7日に拉致された。拉致を手伝った在日コリアンの男が深く後悔し、週刊誌上で犯行を告白した。監禁場所と名指しされた病院の当時の経営者は、北朝鮮中枢と深い関係があった人物である。


その日の夜、藤田さんの意識がしっかりしてきました。しかし、現実が受け入れられないのか、ただただ大声で泣き叫んでいました。慟哭という感じでした。

「どこへ連れて行くんだ！」「なんだ、これは！」という叫びが、いまも強く耳に残っています。

2日目、3日目も会話はなく、食事は摂るようになったのですが、藤田さんは身動きが制限される保護服を着たまま、ただじっとしていました。叫ぶこともなくなりました。

4日目になって、「ここはどこですか」「自分はなんでここにいるんですか」と、涙をいっぱいに溜めた脅えきった目で私に聞いてきました。これが、最初で最後の会話です。

（『週刊現代』２００７年4月21日号）


藤田進さんの事件は、ほかの拉致事件にも関与して国際手配されている大物工作員チェ・スンチョル容疑者が指揮していた。告白した男は、藤田進さんを引き取りにいった帰りに道に迷い、チェ容疑者にひどく怒られたと証言している。監禁場所とされる病院は、警視庁が平成17年に家宅捜索している。

藤田進さん拉致の決定的証拠は、脱北者の男性によって北朝鮮からもたらされた本人の写真である。法人類学の第一人者である東京歯科大学の橋本正次教授が鑑定したところ、眉の部分の傷、ホクロの位置、目・鼻・耳等の位置バランスが高校生時代の写真と完全に一致し、本人であるとの結論が出ている。よく似た顔の人は外国にもいるかも知れないが、ホクロ・傷の位置から各パーツのバランス（人間の顔は微妙にズレている）まで１００％完全に一致する人はいないし、作りようがない。

日本当局による無線傍受記録もある。産経新聞は平成18年1月10日朝刊の一面トップで、藤田進さんの拉致直前に現れた北朝鮮工作船の無線交信を解析したところ、横田めぐみさんが拉致されたときの通信と「交信状況が酷似していた」と報じた。情報源保護のためか奥歯にものが挟まったような書き方だが、簡単に言えば自衛隊か警察が北朝鮮の暗号無線を傍受・解読して、なにが起きていたか把握していたということだ。

そのほかに、藤田進さんを金正日政治軍事大学で目撃したとの証言もある。

平成24年に筆者のほうで申立書を書き、藤田隆司さんは国連人権理事会の強制的失踪作業部会に介入を要請した。作業部会は十分な証拠がないと取り上げないのでハードルが高いが、すぐに受理された。国連が藤田進さん拉致を認定したのである。藤田隆司さんは同年7月、当時の松原仁拉致問題担当大臣の尽力でジュネーブに公費渡航し、国連人権理事会で特定失踪者問題を力強く訴えた。これが前例となって、ほかの特定失踪者家族も公費で海外のイベントに参加できるようになった。

松原仁議員は平成27年10月1日の記者会見で、藤田進さんと、同じく特定失踪者の大澤孝司さんについて、大臣在任中に警察などの情報から「その2人が間違いなく拉致されていたことを確信していた」「生存も確信していた」と明らかにした。詳しい内容は守秘義務があるため明らかにしなかったが、拉致・生存の秘密情報があったと、元大臣が証言したのである。そして「この2人を、本来であれば認定被害者にするのが筋だと思う」と述べた。

それでも藤田進さんは拉致認定されない。120%明確でないと認定されないのだ。刑事裁判で有罪となる「合理的な疑いを差し挟む余地のない程度の立証」では足りない。藤田進さんのように99・9%確実で、国連が認定し、担当大臣が確信していてもまだ足りない。制度が硬直化している。

実際の拉致被害者は1000人以上か？

拉致された人の中には、800人以上の特定失踪者に入っていない人が大勢いる。特定失踪者は、あくまで家族等が「北朝鮮による拉致ではないか」と届け出た人である。家族が拉致と思っていない被害者や、身寄りがなく誰も届け出ていない被害者はカウントされない。そして前述の事件で明らかなように、北朝鮮が工作員を「背乗り」させるため、身寄りのない人を組織的に狙ってきた事実がある。

藤田隆司さんは「ずっと拉致なんて想像すらしていなかった。5人の拉致被害者が帰国してもまだ拉致と思わなかった。同じ川口市出身の田口八重子さんが拉致されていたと知って、はじめて可能性があるのかなと思った程度だった」と語る。大多数の家族は可能性すら考えたことがないのではないか？　帰国した曽我ひとみさんでさえ、北朝鮮が認めるまで誰も拉致を疑っていなかったのだ。

拉致は、訓練された工作員によって国家ぐるみで行われてきたのだから、認知された事案が一握りであることは間違いない。多くが「成功（認知されない）」していると見ていい。

警察等に認知されていない犯罪の件数を暗数という。それを含め、どのような犯罪が実際どのくらい発生しているかという実態を調べる「暗数調査」が、法務省の法務総合研究所によって行われている。平成24年度の犯罪白書によれば、個人犯罪被害の被害申告率は強盗で45％、個人に対する窃盗で34・8％、暴行・脅迫で21・6％、性的事件では18・5％である。被害に遭っても申告しない人が多く、統計に出る数字は全部でないのだ。特に性的犯罪については81・5％が公的機関に認知されていないことになる。

拉致事件が「北朝鮮による拉致だ」と認知される確率が極めて低いのは、拉致が簡単で、ミスをしない限り証拠が残らないからだ。騙して工作船に乗せるだけなのだ。いったん工作船に乗せてしまえば、自動小銃を持った複数の工作員が待機しているのだから、被害者が逃げ出すことは不可能である。

自分が北朝鮮工作員になったと仮定して、被害者を騙す方法を考えてみたら、すぐに口実を思いついた。

「こんどの週末、クルーザーを借りてスチュワーデスと合コンをやるんだけど来ない？　ただ人数の問題があるから、みんなには絶対内緒だよ。秘密は必ず守ってね」。

「親戚が漁船を持っているんだけど、真鯛を釣りにいかない？　いま入れ食い状態だよ。だけど船が小さくて君しか乗せられないから、みんなには絶対内緒ね」。

ターゲットが誘いに乗るかどうかはともかく、外国政府による拉致工作だと思う人はまずいないだろう。

そして世の中には行方不明になっても不自然でない人が大勢いる。倒産寸前の会社社長が行方不明になっても、誰も不自然に思わない。北朝鮮による拉致など、想像すらしないだろう。職業や住居を転々とするライフスタイルの人が突然職場から姿を消しても、拉致が疑われることはまずない。さらに多重債務などから逃れるため夜逃げして、住民票を移さず生活している人は大勢いる。逃げている人はすでに行方不明なのだ。行方不明者が行方不明になっても誰もわからない。

警察庁生活安全局の統計をみると、政府認定の拉致事件が集中した時期に、発見されないままの行方不明者が大勢いたことがわかる。昭和52年の行方不明者届受理数から所在確認数を引いた人数は１万３５４５人、昭和53年は１万４３８７人、昭和54年は１万３２４０人である。行方不明になった年と所在確認の年が別々の場合もあるので、その年の正確な未発見者数ではないが、1万数千人が毎年いなくなったままだったのだ。

こうした事実を総合して考えると、政府認定の17人の拉致被害者は氷山の一角であることがわかる。ある捜査関係者がふと漏らした言葉が耳から離れない。「(拉致の実際の規模が) 4桁でも驚かないよ」。

外国パスポート悪用の実態

北朝鮮が日本国民を組織的に拉致した理由のひとつは、「背乗り」によって日本パスポートを悪用することである。

ソウル地裁判決によれば辛光洙容疑者は昭和57年3月22日、北朝鮮に帰国するため、原さん名義の日本パスポートで成田空港からモスクワ経由でパリに向かった。パリで工作員と接触し、自分の北朝鮮パスポートを受け取るとモスクワ経由で平壌に入った。5月に日本に再潜入するため、北朝鮮パスポートで平壌からモスクワ経由でパリに行き、同行した工作員に預けた。そのあと原さん名義パスポートでチューリッヒ、ニューデリー、バンコク、香港を経て5月7日に成田空港に着いた。パスポートは変造したものでないので、怪しまれることなく日本潜入に成功している。辛容疑者は、「手間暇かけて日本人を拉致した甲斐があったぜ」

とほくそ笑んだことだろう。

翌年5月28日、成田空港から原さん名義パスポートで出国し、チューリッヒ経由でウィーンに入った。そこで駐オーストリア北朝鮮大使館所属の工作員に会い、こんどは仮名の北朝鮮パスポートを受け取りモスクワ経由で北朝鮮に帰国した。平壌では「東南アジアに新しい工作拠点を構築すべく準備せよ」等の指令を受け、11月に原さん名義パスポートでバンコクに行き偵察を行っている。

昭和59年3月14日には原さん名義パスポートで香港に行き、3月31日にマカオ中央郵便局待合室で中国・広州駐在の工作員と落ち合っている。そのあと北京経由で帰国し、10月下旬に平壌から北京、カラチ、バンコクを経由して再び日本に潜入している。

昭和60年2月24日、辛容疑者は原さん名義パスポートで成田から大韓航空便でソウルに入った。韓国に潜入して3日目、ソウル市内のホテルで、国家保安法違反容疑で逮捕された。もし逮捕されていなかったら、原さん拉致は発覚していなかっただろう。逮捕されるスパイはほんの一握りだが、発覚する拉致事件もほんの一握りなのだ。

北朝鮮工作員が多数の国籍・パスポートを駆使して工作を行う実態は、韓国で摘発されたほかのスパイ事件でも明らかになっている。平成8年にソウルで「フィリピン人ムハンマド・カンス」を名乗る壇国大学アラビア語教授が逮捕されたが、この男は北朝鮮対外情報調査部所属の鄭《チョン》守一《スイル》という工作員だった。捜査の過程で鄭守一は昭和54年にレバノン国籍を取得し、さらに59年にフィリピン国籍を取得した上で韓国に潜入したことが明らかになった。

平成18年には「フィリピン人ケルトン・ガルシア・オルテガ」を名乗る北朝鮮工作員チョン・ギョンハクが摘発された。この男は主に東南アジアで活動しながら、平成5年にバングラデシュ、7年にタイ、12年に中国、そして16年にフィリピンの国籍を取得していた。

一部の島嶼国は北朝鮮工作員に国籍を販売していた。筆者は工作員がキリバスとセーシェルの国籍を取得していることを突き止め、国際メディアを通して告発したことがある。

平成21年に東京の北朝鮮系貿易会社社長らが本国の指令を受け、ミサイル開発に使用される磁気測定装置をミャンマーに不正輸出しようとして摘発された。神奈川県警の大手柄であった。逮捕された在日コリアンの男に指示していたのは、北朝鮮軍需部門を統括する第2経済委員会傘下の東新国際貿易有限公司（本社香港・解散済）である。同社の平壌事務所は、生物兵器、化学兵器、ミサイル、核の開発に関わっている恐れがあるとして、経済産業省の「外国ユーザーリスト」に掲載されている。

調べたところ、東新国際貿易の役員は韓哲《ハンチョル》と朱玉姫《チュオクヒ》の2名で、名目上の株主にもなっていた。韓哲は北京を拠点とする割と知られた工作員で、朱玉姫は在中国北朝鮮大使館二等書記官・徐承権《ソスンクォン》の配偶者というカバーで北京に滞在していた。平成17年11月2日に2人はキリバス共和国のパスポートを取得している。韓哲の旅券番号はＩ００１８４３、朱玉姫はＩ００１８４４である。そして19年3月26日付で今度はセーシェル共和国のパスポートを取得していて、韓哲の旅券番号はN００２６２７６、朱玉姫はN００２６２７３である。北朝鮮工作機関は、極小の島嶼国にまで目を向けているのだ。

キリバス共和国は、太平洋の赤道付近にある人口11万人の小さな国である。平成7年にキリバス議会は旅券法を改正し、投資した外国人に「投資家パスポート」を発給するおかしなサービスを始めた。市民権を取得していない外国人にパスポートだけ持たせる事実上の販売行為である。同じ太平洋の島嶼国ナウルのパスポートがテロリストに悪用されたことなどから大問題になり、16年4月に再び法改正して発給を停止した。ところが2名の北朝鮮工作員にパスポートが発給されたのは17年である。この点について、日本や各国政府はキリバスに説明を求めるべきだ。

セーシェル共和国はインド洋に浮かぶ人口9万人の国で、観光業を主な財源としている。以前セーシェルは、投資と引き換えに市民権を売り、犯罪者を匿っていると非難されていた。平成7年に成立した「経済開発法」は、政府承認投資スキームに１０００万ドル（約11億円）以上投資をした外国人犯罪者を自国民として保護し、身柄引渡要求を拒否すると定めていた。8年に金融活動作業部会（FATF）のロナルド・ノーブル会長が「セーシェル法の明確な目的は、国際犯罪組織の構成員と犯罪収益を当局の追及から匿うことによる資金誘致だ」と厳しい表現で非難したほか、各国政府からも強く改善を求められ、12年7月25日に経済開発法を廃止した。しかしながら2人の北朝鮮工作員にパスポートが発給されたのは19年である。

キリバス同様説明が求められる。

韓哲・朱玉姫の偽装用旅券使用をABC（オーストラリア放送協会）のマーク・ウィラシー北東アジア支局長に伝えたところ、平成24年12月4日に「7：30」という報道番組で特集を組んでくれた。ABCの取材にキリバス政府は当初回答を拒否したが、翌年3月に別のABC報道番組がアノテ・トン大統領にインタビューして質すと「以前、中国人にパスポートを販売していたのは事実だ。歳入確保のため行ったことだ。しかし北朝鮮の関与、特にテロリストが関係している可能性は、意図したものではないし、予測もできなかった。誠に恥ずかしい」と謝罪し、今後販売しないと確約した。国家元首が外国の公共放送で謝罪し、再発防止を約束するのは極めて異例のことである。

平成27年7月に北朝鮮工作員・金ソンイルがオトリ捜査に引っかかってハワイで逮捕された。8月になってRUSI（英国王立防衛安全保障研究所）の研究員が、金ソンイルが国連制裁対象の武器輸出会社・青松《チョンソン》連合香港支社の役員・株主として登記されていて、2通の別々のカンボジア旅券を使用していたと発表した。筆者のほうで確認したところ、確かに同じ時期に旅券番号N０６３０３５４とN０７５５９７４の別々のパスポートを使用していた。工作活動のため使い分けていたのだ。

金ソンイルは平成20年9月17日付のカンボジア王国勅令で帰化を許可され、カンボジア国籍を取得している。その数ヶ月前には金ソンチョルという別の北朝鮮人が金ソヴァンに改名した上でカンボジアに帰化し、後にリッチランド・グローバル社という会社をプノンペンに設立している。北朝鮮工作機関が偽装のため、組織的に外国国籍取得を進めていることが窺える。

カンボジア国籍は購入可能である。カンボジア国籍法第8条は、7年以上居住した外国人は国籍を取得できるとしているが、第10条から第12条で例外として、一定金額以上の投資や寄付をすればすぐ取得できると定めている。また第13条で、カンボジアに特別の利益をもたらした外国人は即時国籍取得できるとしていて、マラソン選手・猫ひろし氏の帰化はこの条項が適用されたものと思われる。インターネット上には「もう一つパスポートがあると便利です」といった宣伝文句で、外国国籍取得のコンサルティング業者が多数広告を出していて、カンボジア国籍の案内も出ている。

2人以外にも、大勢の北朝鮮工作員がカンボジア国籍を取得した上で、正規のパスポートを使って工作活動を行っている可能性がある。我が国に入国している恐れもあり警戒が必要だ。

忘れてはならないのは、帰化を装って日本国籍を取得した北朝鮮工作員もいることだ。帰化工作は半世紀以上前から行われている。外事警察官のテキストである『戦後の外事事件スパイ・拉致・不正輸出』（外事事件研究会）によれば、昭和39年の「寝屋川事件」で逮捕された北朝鮮工作員・朴基華は、「日本人と結婚して日本国籍を取得し、2年以内に渡韓せよ」

と指令を受けていた。朝鮮総連は一般構成員に帰化を勧めないが、工作として帰化を装う場合があるのだ。日本国籍を取得した朝鮮総連構成員のなかには、ロシアから北朝鮮に潜水艦を輸出する仲介を行った者もいる。

むろん日本パスポートを悪用する目的で帰化した者は、日本国民でない。ニセ者だ。偽造・変造パスポートを持った犯罪者と変わらない。帰化の審査を厳格化するとともに、発覚した場合に即座に国籍を剥奪できるよう法改正すべきだ。

帰化とは、たとえばコロンビア大学のドナルド・キーン名誉教授のような日本を愛する人物が、よき日本国民となり、日本と運命を共にしようと行うことだ。キーン氏は三島由紀夫や川端康成らと親交を結び、日本文学を世界に広めた功労者で、平成20年に文化勲章を受章している。東日本大震災のあと、「災難を前に『日本国民と共に何かをしたい』と思った。自分が日本人と同じように感じていることを行動で示したかった」「好きな日本への感謝の気持ちを表現するため、日本人になりたいと思った」と帰化を決意した。そして平成24年3月8日、89歳で晴れて日本国民となった。キーン氏のような人物が同胞であることは誠に誇らしい。

キーン氏のような同胞を偏見から守るためにも、悪用目的で日本国籍を取得した北朝鮮工作員に厳しく対処する必要がある。現在の体制は甘すぎる。

地獄の収容所で殺された日本人妻

拉致被害者は北朝鮮で助けを待っているので、救い出すことができる。しかし救出不可能なのが、北朝鮮の強制収容所で殺されていった日本人妻たちである。救出どころか、遺骨を回収することすらできない。遺体はゴミのように捨てられている。

昭和34年から59年まで続いた北朝鮮への帰還事業で、約9万3000人が帰国した。そのなかに約1800人の日本人妻が含まれていた。よく知られているように帰還事業は、朝鮮総連が「地上の楽園」だと同胞を騙して進めたことである。若い頃の韓光熙氏も必死だった。

我々青年同盟活動家にとって最大の勲章は、同胞を説得して北朝鮮に帰国させることであった。東京の中央本部からは、とにかく一人でも多く本国に送り込めという指示がきていた。（中略）これと眼を着けた者に対しては、連日のように家に通って上がり込み、北朝鮮から送られてきた帰国者の写真や手紙を見せて、「地上の楽園」の素晴らしさを力説した。手紙には「食糧は配給制ですべてタダだ」とか、「家賃が安くて生活が楽だ」とか、「子供たちは全員大学に進学した」とか、いいことばかり書いてある。それもそのはずで、向こうから来る手紙はすべて検閲を通っており、いいことを書いた手紙しか日本に届かないようになっていた。

（中略）

いまさら謝ってどうなるものでもないことは承知の上だが、私は謝りたい。私は、自分の点数稼ぎのために、甘言を弄して同胞たちを地獄に送り込んだ。このことは、過ちの多い私の人生のなかでも、最大の過ちの一つである。（『わが朝鮮総連の罪と罰』）

韓氏が帰国させた少年の1人は、北朝鮮で行方不明になったという。母親が心配して県本部を訪ねてくるたびに、韓氏は逃げ回っていた。

朝鮮総連の幹部は、かなり早い段階から北朝鮮が「地上の楽園」でないことを知っていた。幹部だった関貴星氏は日本国籍を持っていたので、昭和30年代に2度北朝鮮を訪れ、帰国者の苦しい現実を見た。そこでこれから帰国する人に、少しでも多く生活用具を持っていくようにアドバイスしたところ、驚くべき反発を受けた。昭和37年に出版された著書で次のように述べている。

岡山市の解放会館で一週間のちの船で帰国する人びとの帰国学習会で、私は真実にそった帰国心得を話したとき、同席していた他の幹部が、

「帰国する人びとにそんなこと喋っちゃこまるじゃないか」

というのだ。私は反問すると、かれは「一般帰国者は無知なんだ。それでいいんだ。

なまじ本当のことを知らせると、帰国者がいなくなってしまうからな」と平然たるものであった。

彼ら一握りの幹部は、中央、地方を通じてただ同胞を新潟港から帰還船に乗せるだけが政治目的であって、あとは同胞がどうなろうがそんなことは知ったことではないのだ。（『楽園の夢破れて』）

そのとき朝鮮総連幹部は濡れ手に粟のボロ儲けをしていた。帰還事業は、無から有を生むカネ儲けスキームでもあった。ハッキリいえば詐欺である。韓光熙氏は証言する。

帰国者たちはそのほとんどが、所有していた土地や建物を総連に寄付して帰った。そうすれば祖国で応分の資産を保証するという誓約書を、総連が書いたからである。しかし、その約束が簡単に反故にされたことは言うまでもない。結果から言えば、朝鮮総連は一〇万人の同胞を地獄に突き落としたうえで、その私財を収奪したということになる。

そんなわけで、成はたいそう羽振りがよかった。会議か何かで私が上京するたび呼び出され、新宿のキャバレーに連れていかれた。（『朝鮮総連の罪と罰』）

帰国者は昭和54年から、別のカネ儲けのネタとなった。短期祖国訪問が始まり「帰国した子供に会わせてやる」といって、法外な寄付金を巻き上げられるようになったのだ。韓氏によれば、訪問団の一員に選ばれるには200万円から300万円寄付しないといけないが、この金額では子供とホテルの喫茶店で1時間話せる程度だという。子供たちの家庭を訪問して2週間泊まり歩くには、最低でも1000万円以上寄付する必要があった。むろん朝鮮総連構成員のなかでパチンコ屋を経営する金持ちは一握りだ。普通の勤め人の親が、20年間離れ離れになっていた子供に会いたい一心で、老後の蓄えを切り崩して訪問団に参加したのだ。1回の訪問団で2億円から3億円集まり、それが毎年15回から20回あるので年間30億円から60億円の収入になった。

なんという卑劣さだろう。誘拐犯と大して変わらない。拉致被害者をネタに日本をユスるのと同じくらい卑怯なことを、朝鮮総連は同胞に行っているのだ。韓氏は、「現在の総連の活動で、ただの一つでも同胞の役に立っていることがあるだろうか。いや、むしろ、やっているのは、同胞に害を及ぼすようなことばかりではないか」と述べる。

北朝鮮に送られた帰国者を待っていたのは差別と貧困、そして厳しい監視の目だった。大勢が強制収容所に送られ、日本人妻を含めて多くが死んでいった。不当に監禁されて死んだ人は、直接の死因が衰弱死であっても「殺された」といっていい。日本で人を監禁し、食事を与えず死に至らせたら殺人罪になるのと同じだ。

平成17年にホワイトハウスに招かれてブッシュ大統領と面会した脱北者の姜哲煥《カンチョルファン》氏は、

10年間過ごした耀徳《ヨドク》強制収容所（正式名称は第15管理所）に囚われていた日本人妻について証言する。姜氏は現在、韓国有力紙『朝鮮日報』の記者として活躍している。

姜氏の祖父・姜泰林氏は京都でパチンコ屋を経営していて、祖母は朝鮮総連女性同盟京都府本部の委員長だった。祖母が帰国を強く主張したため、祖父は義兄弟の盃を交わしていた暴力団組長に助言を求めた。そうしたところ「祖国に尽くすべきではないか」といわれて決意したという。一家は昭和38年に帰国し、姜氏は5年後の昭和43年に平壌で生まれた。祖母は北朝鮮で最高人民会議代議員に選出され、一家は特権階級に近い生活をしていた。帰国者のなかでは稀なケースである。

ところが昭和52年に祖父が容疑不明のまま拘束されると、一家は連座制で強制収容所に送られた。姜氏はまだ9歳だった。母親とは引き離された。強制収容所はこの世の地獄だった。食糧はトウモロコシと塩しか与えられず、生きのびるためにネズミやミミズをとって食べた。子供たちは過酷な強制労働を科せられ、激しい暴行を受け、公開処刑を見させられた。公開処刑が終わると「人民の裏切り者は出て行け！」と叫びながら、遺体に石を投げるよう命令された。そのあと遺体は放置され、死臭を嗅ぎつけた鳥によって食い散らかされた。

姜氏一家が送られたのは、広大な区域に3万5000人以上が収容されていた耀徳強制収容所の「第10作業班」という村だった。村といっても、囚人の小屋の寄せ集めである。第10作業班は帰国者と日本人妻だけの村で、約5000人の囚人がいた。ほかの囚人に日本の豊かな生活を知られないように隔離していたのだ。姜氏は20人ほどの日本人妻を覚えているが、姜氏が釈放された昭和62年時点で生き残っていたのは3、4人だった。四人はどんどん死んでいった。環境の変化に耐えられず、最初の3ヶ月で約3割が死んだという。

姜氏は平成22年に来日したとき、日本人妻の死亡率が特に高かったと述べている。「ある日本人妻は上品な人で、ゆっくり衰弱しながら静かに死んでいった。何が何でも生き残ってやると必死だった自分と全く違っていた。ああ、日本人というのはこういうものかと思った」と語っていたことが忘れられない。

北朝鮮北部・咸鏡北道会寧《フェリョン》の強制収容所では、日本人妻が棒でメッタ打ちにされて殺されている。時事通信は平成19年6月23日に次のニュースを配信した。

ロンドンを訪問中の脱北者、安明哲さん（三八）は二十三日までに、時事通信とのインタビューに応じ、北朝鮮の政治犯収容所の警備隊員だった一九九三年ごろ、「拷問施設で日本人妻が棒で殴られているのを見た」などと生々しい証言を行った。

安さんによると、女性は五十歳ぐらいで、夫は朝鮮人。「『日本に帰りたい』と言ったために拷問を受けることになった」という。女性は後ろ手に縛られた上、両脚のひざ裏に角材を挟まれた形で前かがみに座らされ、看守が馬乗りになって棒でたたいていた。周辺の警備を行っていた安さんは、女性の悲鳴や反抗する声、棒でたたかれる音などを何度も聞き、「女性が自分の母親と同じぐらいの年齢だったので動揺した。恐らく女性はその夜に死んだと思う」と話した。

私たちの同胞が殺された。朝鮮総連も本国北朝鮮も、絶対に許してはならない。

第八章　これが北朝鮮の人道犯罪だ

民族差別による大量殺人

北朝鮮の人権状況を調べていた国連調査委員会は平成26年2月、４００ページ近い報告書を発表した。そのなかで「北朝鮮による組織的、広範かつ重大な人権侵害」が「人道に対する罪」を構成すると認定した。つまりナチやポルポトのような人道犯罪が現に行われていると、国連が認定したのだ。

報告書は日本人拉致を含めて、北朝鮮の人道犯罪を事細かく記述している。読んでいると気分が悪くなる内容ばかりだ。特に気分が悪くなるのは、北朝鮮当局の民族差別に基づく、中国人の血をひく子供の大量虐殺である。いまも進行中の北朝鮮によるヘイトクライム（憎悪犯罪）である。

報告書は、組織的な子供殺しについて5ページを割いている。「委員会は、強制送還された女性と子供に対し、国内法・国際法に違反して、強制堕胎および嬰児殺しが広範に行われていると認定する」と明確にしている。

中国で捕えられ、北朝鮮に強制送還された脱北者の妊婦の子は、中国人との混血児は絶滅させるという方針により、生まれるとすぐ水につけて窒息させるなどして殺されている。報告書は次のように書く。

ほとんどの場合、強制送還された女性が拘置されている施設の看守は、赤ん坊を溺死させるか、顔に布などをかぶせて窒息死させるか、うつ伏せに寝させて息ができないようにして殺すよう、母親か第三者に強要する。（国連調査委員会報告書詳細版パラグラフ432）

過去数回強制送還され、二人の妊娠女性の強制堕胎を目撃した女性は委員会に対し、「もし中国で妊娠すると、中国人男性に妊娠させられたと推定されるので、北朝鮮に強制送還される妊娠女性は強制堕胎させられるのです」と語った。（報告書詳細版パラグラフ426）

母親の目の前で子供を殺したり、母親にわが子を殺すことを強要したりしているのだ。悪魔の所業というほかない。報告書は赤ん坊が水の中で泡を吐きながら死んでいき、手慣れた様子で生ゴミのように持っていかれる様子を目撃証言として紹介している。

強制堕胎のやり方も凄まじい。6種類の方法が紹介されているが、その1つは「妊婦の腹を蹴り続ける」。

報告書は理由として、中国人との混血が「朝鮮民族の純粋性」を汚すという北朝鮮当局の考え方を挙げる。次の証言が紹介されている。

ある証人は委員会に、強制堕胎させられる前の妊婦が受けた虐待について証言した。茂山《ムサン》郡拘置施設において看守たちは、虐待で苦悶の表情を浮かべる妊婦の女性に、様々な身体的・言語的虐待とともに「腹に中国人の子なんか抱えやがって」との罵声を浴びせていた。

ある証人は穏城《オンソン》郡国家安全保衛部拘置施設で、強制送還された女性の生まれたばかりの赤ん坊を、看守が奪うところを目撃した。独房で赤ん坊が（医学的処置を受けることなく）生まれるとすぐ、看守は「この赤ん坊は人間でない。汚れているから生きる資格がない」と言いながらバケツに入れて持って行ってしまった。

別の証人は委員会に、会寧の国家安全保衛部拘置施設で職員が、堕胎のため妊娠女性の性器に強制的に化学物質を注入したときのことを説明した。職員たちは行いながら、「混血の人間」を絶滅させなければと言っていた。（報告書詳細版パラグラフ426）

こうした残虐行為には、北朝鮮当局なりの「慈善目的」があるというから狂っている。委員会は次のように分析する。

純粋な朝鮮民族の血統でない子供への蔑視は、当局や治安機関だけでなく、北朝鮮社会全体に存在すると見られる。国家安全保衛部元職員の証言によれば、強制堕胎は「汚れた」子を持つことによる差別から女性を守るという慈善目的からも行われていると推定される。（報告書詳細版パラグラフ427）

虐殺は以前から行われていた。ＢＢＣは平成15年10月22日に「北朝鮮が収容者の赤ん坊を殺害」というタイトルの記事を出し、新生児が母親の目の前でタオルを使って窒息死させられたり、生き埋めにして殺されたりしていると告発した。またアメリカ国務省の人権報告書は、毎年のように北朝鮮の子供殺しを伝えてきた。筆者はこうした記述を引用して、世界各国の政府関係者や議員に北朝鮮を告発する手紙やメールを大量に送り続けてきた。子供殺しは、北朝鮮人権問題に関わる人にとって常識的な話だ。それでも国連調査委員会報告書をはじめて読んだときは眠れなかった。

報告書はまた、中国国内で北朝鮮工作員が行った拉致について複数の事例を挙げて説明している。報告書最後の勧告部分で国連調査委員会は、「北朝鮮工作員による中国領域内の拉致を、直ちに止めさせるよう対策を講じよ」「中国政府は拉致、中国国籍を得る資格のある子供の虐殺・強制堕胎その他強制送還者への人権侵害について、北朝鮮最高指導者や他の高位当局者に問い質すべきである」と求めている。つまり国連は、「自国民の子が殺されているんだぞ！金正恩になんか言えよ！」と厳しく注意したのだ。中国政府は恥を知るべきだ。

戦前に上海の租界で「犬と中国人は入るべからず」という看板が立っていたという。現在北朝鮮は「汚れた中国人の子は生きるべからず」といって、組織的に子供を虐殺している。それでも中国は「血で固めた友誼」といって北朝鮮を支援し続けている。やるほうもやられるほうも、最低の犯罪者である。

問題はそれにとどまらない。この極悪非道な人道犯罪に、中国政府は加担しているのだ。中国人男性の子を身ごもって北朝鮮に強制送還される女性のほとんどは、中国当局によって拘束されている。中国政府は自国民虐殺の共同正犯なのだ。北朝鮮の人道犯罪刑事責任とともに、中国の責任も追及する必要がある。

金正恩は「反逆者の孫」だった

北朝鮮人道犯罪の根本原因は、金日成「白頭の血統」崇拝を核とするイデオロギーによる洗脳と、敵とみなした者への徹底した攻撃性である。

北朝鮮は、金一族にどれだけ忠実そうかを出自で判断した「出身成分」による徹底した身分制社会である。出身成分は3代前まで家系を調査して決まる。階層として核心階層、動揺階層、敵対階層の3つがあるほか細かい分類があり、どこに入るかで人生のすべてが決まる。出身成分次第で、裸の美女が踊るパーティーで高級ブランデーを飲みながらバカ騒ぎできるか、それとも強制収容所で毎日殴られながら餓死するかが決まる。決して比喩でも誇張でもない。この評価システムがカルト的な組織文化の中心にある。

金日成は「宗派分子や階級の敵は、誰であろうが3代にわたって絶滅させなければなりません」との教示を残した。憲法より重い教示に従って、敵対階層のなかでも反逆者や売国奴とされた人は、一族郎党とともに一生出られない「完全統制区域」の強制収容所に送られ絶滅させられる。対象になるのは日本統治時代に軍や警察に協力した人の子孫や、金一族の政敵などである。

ところが筆者が平成24年に行った調査で、金正恩の母方の祖父が大日本帝国陸軍で働いていたことが旧陸軍省文書で明確になった。金日成の教示には「誰であろうが」の文言がある。金正恩といえども例外でないと解釈できる。つまり金正恩は反逆者の孫として強制収容所に送られ、絶滅させる対象なのだ。これは北朝鮮のような特殊な国では決定的スキャンダルである。クーデターの口実になることさえ考えられる。

さっそく世界各国のメディアに書いてもらった。日本では『週刊新潮』に情報提供して「金王朝を揺るがす血脈のスキャンダル　金正恩祖父は『日本軍協力者』だった」という記事が出た。次のようにはじまる。


ユダヤ人を根絶やしにしようとしたアドルフ・ヒットラー自身にユダヤ人の血が混じっていた……。手塚治虫の描いた『アドルフに告ぐ』は、ヒットラーの血の系譜を記した機密書類を巡り、日本やドイツで3人のアドルフという名の男が繰り広げる物語である。とはいえ、この物語はあくまでも俗説をモチーフにしたに過ぎない。

しかし、かの国の若き将軍は、紛れもなくわが身に流れる血を忌むほかない苦悩を抱え込んでいた。

北朝鮮「金王朝」の3代世襲を成し遂げた、金正恩第一書記（29）。果たして、その座を揺るがす血脈のスキャンダルとは一体何なのかー。（『週刊新潮』平成24年5月17日号）

各国メディアのタイトルも強烈だった。『テレグラフ』は「金正恩の『反逆者』の祖父」、ABC（オーストラリア放送協会）は「金正恩の祖父は『日本協力者だった』」、『サウスチャイナ・モーニング・ポスト』は「金正恩は反逆者の孫か？」という記事をそれぞれ出した。韓国メディアでも広く紹介され、筆者はニュース専門テレビ局YTNに出演したほか、SBS（ソウル放送）の人気報道番組「そこが知りたい」でも詳しく解説した。アメリカ政府系のRFA（自由アジア放送）は、北朝鮮向け短波放送で証拠文書の詳細を報じた。

さあ、北朝鮮からどんな反応があるだろうかと心待ちにした。『テレグラフ』のような世界的影響力を持つメディアが「最高尊厳」のスキャンダルを報じたのだ。いつものような激烈な糾弾を期待した。ところが、待てど暮せど何とも言ってこなかった。暴力的な報復もない。些細なことで発狂してみせる北朝鮮なのに、ガッカリだった。証拠が完璧に揃っているので、騒げば騒ぐほど不利になると悟ったのだろうか？

金正恩の母・高英姫については優れた先行研究があった。父親は元在日の帰国者・高京《コギョン》澤《テク》で、大阪から北朝鮮に渡ったことが明らかになっている。以前は別の説が有力だったが、韓国の情報機関・国家情報院が平成18年に正しい情報を発表したことで決着がついた。RFAは済州島で、高京澤の名前と「一九一三年癸丑八月十四日生」と書かれた系図まで発見して報道している。また公式プロパガンダ雑誌『朝鮮画報』１９７３年３月号に「幸せあふれるわたしの家庭」として帰国した高京澤一家が紹介されていることもわかっている。これが突破口になった。

記事の中で高京澤は、昭和4年に済州島から大阪に渡り「広田裁縫所」に勤めていたと述べている。この工場を調べたところ、正式名称は「廣田縫工所」であることが、国会図書館所蔵文書やほかの証拠から明らかになった。縫工所の読みは「ほうこうじょ」で、まるで「奉公所」みたいなことから、プライドの高い職工が「丁稚奉公ちゃうで」と嫌がり「裁縫所」の通称をつけたのだろう。

そして防衛省防衛研究所が所蔵する旧軍文書を探したところ、廣田縫工所が「陸軍管理工場」だったことを示す秘密書類を複数発見した。工場は陸軍被服本廠大阪支廠の管理下にあり、軍服などを作っていた。文書には「工場全部」が陸軍管理とあり、陸軍の一部だったことがわかる。

たとえば昭和13年10月1日付の「支那事変陸軍管理工場名簿」（陸軍省技術本部版）には、本店工場全部と淀川工場が陸軍管理下にあると記されている。陸軍省総務部が陸軍管理工場における生産状況報告を求めた昭和13年1月24日付の文書にも「廣田縫工所」と明記されている。「極秘」の印が押された昭和17年3月の「陸軍管理工場代表者並事業管理人名簿」（陸軍省整備局工政課）には、廣田縫工所の経営者と管理部長の名前がある。金正恩の祖父・高京澤は、もう一人の祖父・金日成を追う皇軍将兵のため、一生懸命軍服を作っていたのだ。

当然のことながら、高京澤が陸軍管理工場で働いていたことは、なんら非難に値しない。筆者の祖父の軍服を一生懸命縫ってくれたと思うと、親しみさえ感じる。孫が日本人監禁や核開発などの国家犯罪を続けるので、やめさせるために攻撃材料にしているだけだ。

実際には金正恩のもう一人の祖父・金日成のほうにこそ「民族の反逆者」と呼ぶにふさわしい行為がある。同胞の朝鮮人から略奪し、家に火をつけているのだ。北朝鮮が輝かしい業績とする昭和12年の「普天堡《ポチョンボ》の戦い」で、金日成は満洲から朝鮮に侵入して駐在所を襲撃した。殺されたのは雑貨商・羽根三郎さん（35）と、駐在所の箭内巡査の長女・えみ子ちゃん（2）だった。正体を現したのはそのあとである。昭和12年6月6日の大阪朝日新聞は「一隊は部落中に放火して掠奪を恣《ほしいまま》にし、面事務所、郵便所、森林保護區事務所、普通學校はじめ民家を荒らし廻り」と報じている。同日の読売新聞夕刊には「先づ普天堡駐在所に迫撃を加へたのち官衙學校等に片つ端から放火、さらに民家を襲撃掠奪したゝめ普天堡部落は全滅」とある。義賊の要素は全くない。金王朝によるクレプトクラシー（泥棒政治）の象徴的な始まりだった。

拉致問題に取り組む天目石《あまめいし》要一郎・武蔵村山市議会議員は平成20年に訪朝したとき、監視員兼ガイドの男に「金日成の行為はただの郵便局強盗ではないか？」と質問してみた。すると男は驚愕の表情で顔を真っ赤にし、硬直して何も話せなくなってしまった。北朝鮮では即刻死刑になる発言であり、発言自体がありえないので、反論を用意していなかったのだ。あとから「朝鮮《チョソン》は怖い国ですよ。あなたはパスポートを取り上げられているんですよ。拉致しますよ」と冗談めかして何度も脅迫してきた。

ちなみに日本の民事訴訟法では、裁判で相手側の主張に沈黙した場合、その事実を自白したものとみなされる。

人道犯罪阻止のため安倍政権が果たした役割

北朝鮮の金正恩体制が崩壊したあと、日本はいつものパターンで責任追及される。「日本が対北送金を早く禁止しなかったから、崩壊が遅れて人道犯罪が拡大した。悪いのは日本だ！謝罪しろ！　賠償しろ！」とくる。甘い顔を見せれば子々孫々に至るまでタカられる。

実際には北朝鮮の人道犯罪を止めるために、主導的役割を果たしてきたのは日本である。中心となったのは安倍総理と古屋圭司議員と山谷えり子議員の3人である。特に山谷議員の根回しが力を発揮した。自分の業績を語らない議員たちなので、ほとんど知られていない。そこで不当要求から日本を守るため、知られざる舞台裏を明らかにしたい。

平成26年12月に国連総会本会議で採択された「北朝鮮人権状況決議」は、国連調査委員会報告書をもとに北朝鮮で「人道に対する罪」が進行中であると認定し、国際刑事裁判所（ＩＣＣ）への付託を国連安保理に求めた。国際社会は、金正恩政権が人道犯罪の実行犯で、国際法廷で裁くべきだと正式に決定したのだ。

これはすべて安倍政権が仕掛けたことである。人権状況決議案を起案したのも日本なら、その元となった国連調査委員会を設置させたのも日本である。外務省が甘い内容の決議草案を作って共同提案国に回したあと、当時の石原宏高外務大臣政務官が察知して、直前に強烈な内容に書き換えさせた逆転劇もあった。

我が国が国際人権分野で主導的役割を果たした前例としては、大正8年の国際連盟委員会における人種差別撤廃規約の提案がある。残念ながら時期尚早で、我が国の画期的提案は実現しなかった。しかし今回は違う。実現したのだ。いずれ金正恩政権は崩壊し、国際社会はアウシュヴィッツ解放後のように「なぜ止められなかったのか」という問いを突き付けられる。そのとき日本が果たした歴史的役割は正当に評価されるだろう。

それでは経緯を振り返ってみたい。北朝鮮人権問題を調査する国連調査委員会を設置させようとロビー活動を始めたのは、筆者も加盟するＩＣＮＫ（北朝鮮における「人道に対する罪」を止める国際ＮＧＯ連合）である。むろんアイデア自体は目新しいものでないので、提案は評価に値せず、業績を評価されるべきは実現した議員である。

ＩＣＮＫは、ヒューマン・ライツ・ウォッチ、ＦＩＤＨといった世界的人権団体をはじめ、「世界で最も力があるＮＧＯ」といわれるユダヤ人団体サイモン・ヴィーゼンタール・センターや、アメリカ政府と関係が深いフリーダムハウスなど世界40以上の団体からなる連合組織である。平成23年9月8日に東京・水道橋の「庭のホテル」で設立総会を開いて結成された。総会では当面国連調査委員会設置を目標にしようと決定し、外国特派員協会で記者会見を開いたあと、朝鮮総連本部前で抗議行動を行った。そのとき欧米人が多数参加したことに驚いたのか、朝鮮総連中央の徐忠彦《ソチュンオン》国際統一局長と、対南工作を担当する趙善吾《チョソンオ》副局長が出てきて、困惑した表情でこちらを観察していた。

設立総会では、国際人権団体のアメリカ人幹部から「国連調査委員会を設置できるのは、国連の北朝鮮非難決議案を書いている日本政府だ。日本の皆さんに期待している」との発言があった。しかし当時は民主党政権下である。北朝鮮を憤激させかねない提案を、政府が受け入れるとは到底思えず、日本の参加者は頭を抱えた。それでも「やれることは全力でやろう」ということになり、ＩＣＮＫ日本チームは数十人の国会議員や官僚に面会したり、議員会館内で記者会見や集会を開いたりして、国連調査委員会設置が拉致問題解決に資すると訴えた。

予想通り、大きな壁にぶち当たった。なかなか理解を得られない上、拉致問題で有名な大学教授からは慎重意見が出た。当時の政府拉致問題対策本部事務局長には、進める意思がない旨告げられた。理解を示してくれた仁木博文議員に同行してもらい、当時の外務副大臣に面会したが、意味のない決意表明だけで、まったく進める気配はなかった。外務省総政局のM審議官に面会したときは、終始難しい表情だったので、「この人は不幸な少年時代を送って笑顔を忘れてしまったのか……」と想像した。

とつぜん光が射したのは、大塚拓議員に同行してもらい、平成24年3月に当時野党議員だった安倍晋三議員に面会したときである。当初安倍議員は、ICNK日本チームに元民主党参議院議員がいたためか興味なさそうな表情だったが、しばらく説明すると「これは良いアイデアだ」とすぐさま賛同してくれた。そして個人的に親しい松原仁拉致問題担当大臣に直接電話を入れ、勧めることまでしてくれた。このように一瞬で本質を見抜く直観力は天性のものなので、努力して身に付くものではないと、安倍議員を目の前にして感じた。

そのあと拉致被害者救出に情熱を燃やす古屋議員と山谷議員が、自民党の政策として国連調査委員会設置推進が採用されるよう、強力に推し進めてくれた。自民党の政策は、部会や調査会から原則全会一致で上がって出来ていく。そのため実力ある議員が、よく勉強したうえで熱心に取り組まなければ実現しない。古屋議員と山谷議員の尽力は決定的だった。

さらに多くの有能なスタッフにも助けられた。たとえば山谷議員の政策秘書である速水美智子氏は、拉致問題に熱心なうえ頭脳明晰で、大変よく勉強していた。超党派の拉致議連には秘書会まであり、水面下の調整も非常に重要なのである。

その結果、平成24年11月に発表された自民党総合政策集に「国連に拉致問題に関する調査委員会を設立する努力などを通じて国際社会と連携しながら、国家の威信をかけて拉致被害者全員の帰国を実現します」という文言が入り、国連調査委員会設置推進は公約となった。発表当日に山谷議員からコピーを受け取ったとき、今日が歴史のターニングポイントだと思った。

平成24年12月に第2次安倍政権が成立すると、外務省は突如として全力で動き出した。ジュネーブで各国外交団と折衝している国際人権団体責任者からは、日本外交官の熱心な動きが現地で話題になっていると言われた。前述の総政局のM氏（局長補佐兼国連大使になっていた）に再び面会すると、溢れんばかりの笑顔で迎えてくれて、幸せな少年時代を送った人だと知った。そして平成25年3月、日本はEUと共同で国連調査委員会設置文言が入った決議案を国連人権理事会に提出し、無投票で採択させた。

採択のあとICNKは、全加盟団体の総意として日本政府に感謝する声明を発表した。「日本政府の献身的努力に深く感謝の意を表する。日本は、欧州連合（EU）や韓国・米国を含むほかの主要国に対し同委員会の設立支持を促すにあたり、先陣を切る重要な役割を果たした」というものだ。またヒューマン・ライツ・ウォッチのケネス・ロス代表は『ニューヨーク・タイムズ』紙上で安倍政権を絶賛する論文を発表したが、題名は「人権の太陽が昇る」という旭日旗を意識したものだった。国際人権団体がこれほどまで日本を高く評価したのは、過去に例がない。

国連調査委員会はマイケル・カービー元オーストラリア最高裁判所判事を委員長として成立し、限られた期間で実に熱心に調査した。筆者が訪日したスタッフ（国連人権高等弁務官事務所から出向中の弁護士）に面会したところ、個別の特定失踪者事案について細かい質問を受け驚いた。調査は厳密で、徹底したものだった。

そして平成26年2月、「北朝鮮による組織的、広範かつ重大な人権侵害」が人道に対する罪を構成すると認定した報告書が発表されると、世界各国の北朝鮮に対する見方は一変した。前述の国際人権団体ジュネーブ責任者によれば、各国の外交官が競って北朝鮮人道犯罪を非難するようになったという。欧米にはナチの台頭を許してしまった過去があるため、人道犯罪を行っていると認定された政権は、改善を約束したところで受け入れられない。安倍政権は、世界史に残る60年以上続いた人道犯罪を止める上で主導的役割を果たした。

日本は実は、たいへんな外交力を持っているのだ。それを活用できるか否かは、責任を取る覚悟のある政治家が現れるかどうかにかかっている。筆者らが平成24年9月に、当時自民党組織運動本部長だった菅義偉議員に面会したとき、自身が総務大臣だったときに朝鮮総連施設への税減免をやめさせたことや、ＮＨＫ国際放送に拉致問題報道を指示したことを例にあげながら、「官僚はどうしても慎重になる。だから政治が責任をとらなければならない」と述べていた。反対に、同年8月に当時の鶴岡公二外務省総政局長に面会したときは、「官僚だけで勝手に事を進めることはできない」と言われた。

力強い政治のリーダーシップがあれば、助けを待つ拉致被害者を必ずや救出できる。政権の覚悟に期待したい。

第九章

朝鮮総連の原点はテロ組織

新聞でみるテロ活動の実態

朝鮮総連が破壊活動防止法に基づく調査対象団体なのは、前身組織が数々のテロ事件を起こしたからである。政府は河村たかし議員の質問主意書に対して、平成19年7月10日に次の答弁を閣議決定した。

公安調査庁としては、朝鮮総聯の前身組織である在日朝鮮統一民主戦線が、これまでにダイナマイト、火炎びん等を使用して傷害や放火を引き起こすなど暴力主義的破壊活動を行った疑いがあるものと認識しており、北朝鮮とも密接な関係を有していることから、今後の情勢いかんによっては、将来、暴力主義的破壊活動を行うおそれのあることを否定し得ないものと認識している。

答弁書はまた、警察庁の見解として次のように述べる。

警察としては、朝鮮総聯の前身である在日朝鮮統一民主戦線が、暴力主義的破壊活動を行った疑いがあるものと考えている。

組織は人間と同じように、本質的部分は何十年経っても変わらない。方針転換しても指導部が交代しても抜本改革を試みても、不思議と組織の出自や初期の姿を引きずる。組織自体が生命を持っていて、人智を超えた部分がある。人の運命など簡単に飲み込んでしまう。非科学的に聞こえるかも知れないが、経験からおわかりいただける方が多いだろう。そこで朝鮮総連の前身組織について見ていきたい。当時の国民世論も感じていただきたい。

女工を監禁、査問
日共リンチ団 16名を検挙
女工工作隊とは

「朝日新聞」昭和27年10月22日付
（国立国会図書館所蔵）

最初にご覧いただきたいのは、昭和27年10月22日付の朝日新聞に掲載された日本共産党（当時の新聞は日共と略）による凄惨なリンチ事件の記事である。日共の「女工工作隊」が東京・三河島で、大手紡績会社に勤める18歳と19歳の女性2人を十数日間に亘って監禁し、「お前は会社側のスパイだ。自供しろ。死んでもよいのだ。川へたたき込んでやる」などと脅して査問した事件である。18歳の女性は注射を打たれて眠れないようにされ、リンチを加えられていた。むろん摘発された事件は氷山の一角だろう。

このリンチ事件で16人が逮捕されたが、大部分は在日コリアンである。肩書を見ると「祖防隊員荒川地区キャップ」「朝鮮人小学校講師」「在日朝鮮人教育者同盟員」などとなっている。

当時日共は、全国的に大規模なテロ活動を展開していた。昭和27年の「白鳥事件」では取締りにあたっていた白鳥一雄警部をピストルで射殺し、最高裁で有罪が確定している。日共は犯行を否定したが、射殺事件後に党札幌委員会名義で「見よ天誅遂に降る！」「白鳥の死は弾圧に対する当然の結果である」と書かれたビラが撒かれている。元々日共は「コミンテルン日本支部」といい、ソ連の命令に従うテロ組織だった。昭和7年にコミンテルンから与えられた「32年テーゼ」では、「天皇制」の打倒を命令されている。今でいえばアルカイダやISの日本人構成員が国内でテロ活動を行っているようなものだ。現在日共はテロ活動を休止中だが、完全に放棄したわけでなく、破壊活動防止法に基づく調査対象団体である。

日共の先兵となっていたのが、いずれも朝鮮総連の前身である在日朝鮮統一民主戦線（民戦）と、テロ実行組織である祖国防衛委員会（祖防）と傘下の祖国防衛隊（祖防隊）だった。公安調査庁の藤井五一郎初代長官は昭和29年に全閣僚への報告で「日本共産党は彼らの強い民族意識と粗暴な行動力を日本革命に利用しようとして、活動的朝鮮人を多数入党させている」「民戦や祖防隊等北鮮系団体に対する指導権は、日本共産党が完全に握っておる状況」と述べている。

昭和27年3月30日の読売新聞に掲載された「日本に潜る赤い朝鮮人　三万人のテロ團（団）日共と金日成が指令」という解説記事によれば、前年11月に長野県で開かれた祖防の会合で、金日成による「敵陣地に降下させた落下傘部隊である」との激励が紹介されたという。たしかに金日成のいうとおり、日本に降りたった敵国の破壊活動部隊である。たまには正しいことをいう。

日本に潜る赤い朝鮮人
三万人のテロ團
卅万の"民戰"と共に各地に秘密組織
日共と金日成が指令

「読売新聞」昭和27年3月30日付
（国立国会図書館所蔵）

組織は鉄の規律が支配していた。昭和27年7月27日に祖防隊の東京・城西地区の元責任者が、血

『アサヒグラフ』
昭和27年7月9日号

まみれになり半死半生の状態で杉並区の交番に助けを求めてきた。調べてみると元責任者が隊を離脱したので、ほかの隊員が「組織の規定で行う」と宣言して棍棒やレンガで5時間にわたってメッタ打ちにしていたことがわかった。元責任者は3回気絶したが、最後に気絶したとき死んだと思われて路上に放置された。この事件で逮捕されたのは、朝鮮人学校教師やPTA会長らだった。

民戦と祖防は、戦後の混乱で打ちひしがれる日本国民に襲いかかった。この時期全国で何十という騒乱事件が起きたが、衆議院法務委員会は昭和26年に行った現地調査のあと、「北鮮系暴力破壊分子」と日共党員の「合作行動」であると結論づけている。国際的関連性について委員の押谷富三議員は、「朝鮮動乱における戦況の推移と、関西及び中京地区におきます本件の騒乱の推移とは、まつたく相呼応いたしておる様相を呈しているのであります。また関西、中京におきます一連の本件騒乱事件は、国際連合軍の協力を妨害する意図をもつて企てているような事実が見られるのであります」と2月8日の委員会で報告している。

もっとも激しい騒乱事件が起きたのは昭和27年5月から7月の間である。日本の「三大騒擾事件」のすべてが発生し、民戦と祖防が深く関わっている。「血のメーデー事件」では、多くの日本人にとって神聖な場所である皇居前広場で、左翼とともに棍棒や竹ヤリで警官隊に襲いかかった。警察官の負傷者は重傷83名、軽傷678名だった。この事件で民戦の中央委員や祖防隊地区責任者らが逮捕されている。

同年6月の吹田事件では、国連軍への物資輸送拠点となっていた大阪の国鉄吹田操車場をデモ名目で攻撃した。警官隊は火炎瓶や硫酸瓶で襲われ重傷者が出た。写真は火炎瓶攻撃で制服を焼かれた警察官で、『アサヒグラフ』に掲載されたものだ。北朝鮮ゲリラ部隊による軍事攻撃といっていい。

強制送還は「国を挙げての世論」

日本国民が、朝鮮総連前身組織のテロ活動に激怒したのは当然である。のちに運輸大臣となる中村寅太議員は、昭和27年6月30日の衆議院本会議で次のように政府を追及した。万雷の拍手が沸き起こった。

およそ外国人が他国に在留する以上は、その国の政治、法律、社会制度等を尊重し、これに服従すべきが当然であります。（拍手）もし朝鮮人にして、わが国の制度に不服があるならば、いさぎよく日本を退去すべきであると存じます。（拍手）集団を結び、暴力によつて治安を乱すがごときは、われわれの断じて許し得ないところであります。（拍手）何ゆえに政府は積極的にこれを防止する態度をとらないか、その真意を疑いたいのであります。

木村篤太郎法務総裁（法務大臣）の答弁は断固たるものだった。

去る二十五日の全国各地における朝鮮人の騒擾事件は、まことに遺憾に存じます。ことに大阪の吹田、伊丹における暴動事件におきましては、まことに国民とともに憤懣の情にたえないのであります。（拍手）いやしくも日本に在住する者は、外国人といえども日本の法規に服従すべきが当然であります。しかるにかかわらず、日本の法規を無視し、しかして日本の治安を害するに至つては、これはもとよりわれわれは相当の断固たる処置をとらなければならないと考えております。（拍手）

（中略）

日本の治安を乱すような不逞分子に至りましては、これは容赦なく、断固として、私は将来処置をとりたいと考えております。強制送還の問題でありますが、これは早急に

日韓会談を開催いたしまして、その措置をとりたいと考えておる次第であります。（拍手）

吉田茂首相は同年8月4日、全国知事会議で大阪府知事の質問に答えて「不法入国者、密輸入者、共産党の手先になっている者など好ましからざる朝鮮人は強制送還をぜひとも断行する」「最近の集団暴力事件はすでに内乱に等しいもの」と答弁している。

しかし強制送還は実現しなかった。木村法相は同年8月12日の記者会見で、「不良朝鮮人を強制送還せよというのは国を挙げての世論といってよいが、目下は日韓会談が進展せず、またさきに韓国側は、密入国者以外は受け入れられぬといって125人を拒否してきた事実もある」と語っている。また「現在生活保護法により扶助を受けている朝鮮人は6万人におよぶ。その一部が破壊活動資金に流れているとの噂もある」と指摘した。

むろん強制送還は民族差別でない。当時の朝日新聞を見ても、差別といった見当外れなことは書いていない。昔の報道人は骨があり、同胞を襲うテロ組織に媚びへつらうような怯懦で見苦しい卑劣漢はいなかった。これはテロ対策の話なのだ。木村法相は弁護士出身で人権擁護にかかわり、第一東京弁護士会会長も務めた人物である。記者会見で「不良朝鮮人を憎むあまり、善良な人たちまで憎むことになっては由々しき問題である」と付け加えている。

無関係の在日コリアンからも厳しい批判の声があがった。昭和27年7月15日の読売新聞に、作家の張赫宙氏による「朝鮮同胞に告ぐ　他人の国で騒ぐな」と題した論文が掲載された。

張氏は「日本の人民は『朝鮮人は怖い』『朝鮮人がまた騒いだ』『他人の国で騒ぐのはもってのほかだ』といっている。その通りだ」「暴力戦術を止めて納得のゆく方法を考え出すことを敢て忠告する」と朝鮮総連前身組織に抗議した。

昭和30年2月25日の朝日新聞に掲載された鄭漢永《チョンハンヨン》氏の「在日朝鮮人同胞に訴う」と題した論文は、朝鮮学校問題を例に北支持者の姿勢を厳しく非難した。

現在東京都にある朝鮮人学校問題にしても、日本政府から補助をもらっておりながら、天皇を侮辱し、日本政府の政策とは相いれない考え方をもっている北鮮の一方的な教育をおこなっておりながら、日本政府がこれを認めないからといって日本側をヒボウし、文句をいってみたところで、それは通る話ではない。こういうことを常に平気でやっているから、朝鮮人はわけの分からない、うるさい存在としか認められない結果になるのである。

覚せい剤密売や生活保護が資金源

破壊活動の資金源の一つは覚せい剤（ヒロポン）密売だった。昭和29年11月13日の読売新聞に出た「日本のアヘン戦争　密造元は大半〝北鮮系〟」と題した記事は、「北鮮系朝鮮人の手で密造され、すでに全国で百万から百三十万（警視庁調べ）の日本人が中毒症状を起こしている点から一部には『麻薬謀略による日本のアヘン戦争』とさえ憂慮されている」「当局の調べでは中毒者の八七％は日本人で、密造者の七二％が北鮮系朝鮮人であるといわれ朝鮮人の手によって日本人のヒロポン患者がつくられているともいえる」と報じた。昭和28年には祖防隊最高幹部が、覚せい剤密造の資金を出したとして逮捕されている。日本国内で密造が難しくなった後は北朝鮮から密輸するようになり、昭和33年には大規模な密輸団が摘発され、北朝鮮工作員らが逮捕されている。

生活保護費の詐取も資金源だった。昭和27年8月7日の読売新聞に出た「赤い朝鮮人に食われる血税」と題した記事は、「生活保護法の適用一つを取りあげても、不穏分子への影響を考えて十分な調査もせず、申告をうのみにしている実情で、実に日本人に対比して四倍に当る高率の保護をうけている、これでは赤い朝鮮人の生活を保護してやるばかりか、逆に騒乱の活動資金をも貢いでいる逆結果ともなっている」と書く。大規模な家宅捜索を受けた東京都の朝鮮人集住地区では、生活保護総額17万5０００円のうち10万９９００円が祖防に献金されていた。63％である。生活保護の趣旨を考えればわかる通り、６割以上もテロ組織に献金できる時点で不正受給は明らかだ。記事は背景として、「終戦直後旧朝連幹部や共産党員らが集団的に強要して保護をうけるようになったものがかなりあるといわれている、しかも戦後七年を経過してもそのまま支給し新しい被保護者についても申告のまま調査もせず、

第28002号

日本の"アヘン戦争" ヒロポン禍

密造元は大半"北鮮系"

全国の中毒患者百万人 一日に四億円消える

「読売新聞」昭和 29 年 11 月 13 日付
（国立国会図書館所蔵）

赤い朝鮮人に食われる血税

既に一千億円支出

生活保護も日本人の四倍

警視庁 捜査費の一年分

メーデー 五・三〇 両事件に使った金

「読売新聞」昭和27年8月7日付
（国立国会図書館所蔵）

登録証明書のない不正入国者にまで給付している実情である」と解説する。

ちなみに記事に生活保護率が4倍とあるが、平成26年10月6日の衆議院予算委員会で大蔵官僚出身の桜内文城議員が示した厚生労働省のデータはもっと高かった。全体の生活保護率が1・7％なのに対して、在日韓国・朝鮮人世帯は14・2％だった。桜内議員は「桁が違うんですね」と述べている。8倍以上である。

日本が苦しかった時代、多額の生活保護費が朝鮮総連前身組織に騙し取られた話を聞くと、筆者は特に複雑な心境になる。生まれるだいぶ前だが、実家は困窮していた。祖父と大叔父は戦死し、焼け跡に取り残された母子家庭だった。財産の大半を占めていた金融資産は、ハイパーインフレで紙屑になった。遺族の代表である日本遺族会会長の水落敏栄議員によれば、戦争で45万人の女性が夫を失っている。東京の九段会館の解体が決まったとき、水落議員は産経新聞に「昭和38年に日本遺族会に奉職し、九段会館に配属されました。当時、戦没者の遺児は『片親』ってことで企業に就職できなかった。窮状をわかっているから、遺族会が遺児を集団就職させたんです」と語っている。むろん戦歿者遺族だけでなく、みんなが苦労していた。日本全体が被災地のようなものだった。

いつの時代も割を食うのは、真面目に生きる日本国民である。

第十章　いまこそ朝鮮総連に「破産申立て」を

この手がある

傍若無人の朝鮮総連を震え上がらせる方法が一つある。破産申立てだ。裁判所に書類を出すだけで朝鮮総連は「破産者」となる。法律上の要件を満たしているので、安倍総理が決断すればすぐにできる。自民党の長尾敬《たかし》議員は、金融庁からすぐにも可能である旨の回答を得ている。

破産法は強力だ。朝鮮総連幹部は法の力を思い知る。整理回収機構が破産手続開始の申立てをすると、裁判所は破産手続開始決定（旧法の破産宣告）を行う。そのあと裁判所が選任した破産管財人が資産を調査するが、黙秘権がある警察・検察の取り調べと違い、破産団体役員は質問に正直に答える義務がある。破産法第268条は「説明を拒み、又は虚偽の説明をした者は、3年以下の懲役若しくは300万円以下の罰金に処し、又はこれを併科する」と定めている。

たとえば破産管財人が、不明朗なカネの流れについて朝鮮総連幹部に質問をしたとする。「そんなこと答えられるか、バカ野郎。共和国の国家機密だ」といった瞬間、説明拒絶で破産法違反となる。「じゃあなんかいえばいいんだろ。宇宙人にあげたんだよ」といえば、今度は虚偽説明の罪となる。正直に答えるか、処罰されるかのどちらかだ。

刑事事件の場合は、余罪があるとわかっている殺人犯にも黙秘権があり、答えを強要できない。逮捕時と取り調べ開始時に黙秘権を告げる必要がある。黙秘自体は罪に問われない。供述を得られなければ人の命が失われる状況でも例外でない。それと比べると、正直な答えを強要できる破産法がいかに強力かおわかりいただけると思う。

朝鮮総連幹部の立場からすれば、正直に答えることは「反逆者」となることを意味する。だからといって答えを拒絶して、逮捕されて留置場や拘置所に入れられるのは嫌だ。若いころと違って出世に結びつくわけではない。ブタ箱のなかでは議長様もコソ泥も平等である。答えるも地獄、答えないのも地獄。最悪の状況に追い込まれる。

朝鮮総連は業務妨害が得意だ。前述のように過去の家宅捜索時には何百人もの構成員を動員して、我が国の警察官にヘイトスピーチを浴びせて威迫した。ところが破産管財人に同じことを行えば、職務妨害の罪で逮捕される。破産法第２７２条は「偽計又は威力を用いて、破産管財人、保全管理人、破産管財人代理又は保全管理人代理の職務を妨害した者は、３年以下の懲役若しくは３００万円以下の罰金に処し、又はこれを併科する」と定めている。もし破産管財人が刑事告訴しないなら、筆者が刑事告発したい。

破産管財人の調査で、朝鮮総連所有不動産の登記名義人となっている法人が、朝鮮総連と一体である証拠が発見されるかも知れない。そうなれば本部ビル同様、競売にかけることができる。

破産によって整理回収機構による債権回収はいったん終わる。しかし絶望的な回収作業を続け、多額の人件費を浪費するよりはいい。今のままでは朝鮮大学校の１００億円の土地は永久に差押えできない。いつまでも無法を許してはならない。

日本の良心

破産の案を最初に取り上げたのは山谷えり子議員だった。政策秘書の速水美智子氏に説明したところ、山谷議員はすぐさま金融庁の官僚を呼びだして説明を求めた。このスピード感には驚かされた。山谷議員はその後、朝鮮総連や制裁破り、不審船など、それまでの自民党の体制では十分扱い切れなかった問題も含めて審議する「対北朝鮮総合対策検討プロジェクトチーム」設立を主導し、座長代理に就任した。プロジェクトチームは大物議員のみで構成され、秘書の代理出席を認めない異例の秘密会である。事実上、自民党の北朝鮮政策を決定するところだ。北朝鮮への対応能力が大きく向上した。

自民党の部会で最初に朝鮮総連破産を求めたのは長尾敬議員である。オピニオン誌に寄稿した論文でも、堂々と破産を主張した。よくぞ火中の栗を拾ったと思った。朝鮮総連潰しは死に物狂いの反撃が予想される。組織の総力をあげて向かってくることは間違いない。長尾議員は拉致問題解決のため、金正恩に日本政府の独自制裁を科す策も推している。選挙区は大阪である。いまもっとも暗殺に近い議員かも知れない。

メディアでは『夕刊フジ』が最初に取り上げた。平成29年9月11日号の一面トップで「日本独自制裁　朝鮮総連強制解体」と打ち、その後も続報を出した。タブーに立ち向かう姿勢に、ネット上では「勇敢フジ」と称賛する声が沸き起こった。その後も『新潮45』や『正論』が破産を求める筆者の論文を掲載してくれた。保守層に強い影響力を持つ『日本文化チャンネル桜』は、番組で何度も発言させてくれた。海外メディアでは『サウスチャイナ・モーニング・ポスト』が大きく報じた。

筆者らは拉致問題関係者の賛同を得て、政府や自民党に破産申立てを働きかけている。拉致被害者家族会前事務局長の増元照明さんが強く推してくれるのはありがたい。また衆議院拉致問題特別委員会の元委員長である中津川博郷氏、『日本文化チャンネル桜』の水島総社長、著名評論家の西村幸祐氏、特定失踪者問題調査会の荒木和博代表も公に推してくれた。いずれもたいへんな影響力を持つオピニオンリーダーであり、大きく弾みがついた。

一般の方も一生懸命動いてくれている。首相官邸や自民党への破産要請メール送付を呼びかけたところ、大勢の方に協力いただけた。中には毎日送ってくださる方もいて頭が下がる。

北朝鮮から同胞を救い出そうと、多くの一般国民がなんの見返りも求めずに必死で活動している。これぞ日本の良心だと思う。左翼系のいわゆる「プロ市民」とは全く別種の人たちだ。たとえば筆者が知るある女性は、凄腕トレーダーとして自己資金を運用して活動費を作り、日本のため文字通り東奔西走している。別の初老紳士は洋服店経営で成功して息子に会社を譲った後、社会に奉仕したいと雨の日も風の日も署名活動に立ち続ける。たいへんな時間と労力をつぎ込み、毎週インターネット上の拉致問題啓発番組を作っている人もいる。日本は捨てたものではない。

拉致被害者救出のため必要

朝鮮総連破産によって拉致被害者を救出できるかも知れない。いったん破産申立てをすれば、「やめてやってもいいんだぞ」と交渉できるようになる。北朝鮮にとって朝鮮総連を守ることは、金正恩のメンツがかかった最重要かつ最優先の課題である。そのため極めて有効な交渉カードになるのだ。

破産法第２１８条は「破産手続を廃止することについて、債権届出期間内に届出をした破産債権者の全員の同意を得ているとき」には「破産手続廃止の決定をしなければならない」と定める。債権者が合意するだけで簡単に中止できる。

北朝鮮側は「破産を途中でやめさせた」ことを金正恩の大勝利と宣伝できる。独裁国の行政はメンツにこだわるので、基本的に途中で何かをやめることはない。北朝鮮の常識で中止はありえないのだ。そのため不可能を可能にしたことになり、国内向けに「日本を屈服させた」といえる。高く売れるカードである。

拉致問題は、国のトップ同士が会えば解決するような簡単なものでない。交渉カードが必要不可欠だ。「拉致被害者を返せば○○をやめてやる」といえるものが必要になる。なければ作るしかない。「破産をやめてやる」という交渉カードを今すぐ作るべきだ。裁判所に書類を提出するだけでできるのに、やらない手はない。筆者には破産申立てを「していない」ことが不作為に思える。

ちなみに破産手続を途中でやめれば、整理回収機構は再び直接の債権回収を行うことができる。この点について誤解があるが、破産しても債務は消滅しないし免除もされない。破産と免責は別ものである。免責は個人が対象と破産法で定められており、朝鮮総連のような権利能力なき社団はそもそも対象外である。

金融庁は国会議員に「破産させると合法的な債務免除になってしまう」という誤解を招く説明をしている。免責と混同させようとしているのかと、疑いたくなってしまう。実際には現状が事実上の債務免除である。１００億円の土地はもちろんのこと、朝鮮総連が払っている本部ビルの「家賃」も、職員が使っている高価な機材さえ差押えできていないのだ。闘いというのはダメとわかったら見切りをつけて、次のステップに移るものだ。目的は正義の実現であり、１００万円かけて10万円を回収することでない。まさか金融庁は、整理回収機構の朝鮮総連担当者40人強の雇用維持を、国家的課題より優先しているのか？　むろん日本政府の一員として許されないことであり、そのようなことは決してないと信じたい。

もうひとつ誤解されやすい点だが、朝鮮総連を破産させても、取れる見込みのある系列企業からの債権回収は続く。たとえば朝鮮総連の保険会社・金剛保険の債務は本体と別個なので、破産の直接的影響はない。金剛保険は平成29年末、警視庁の家宅捜索を受けている。整理回収機構の申立てを受けた東京地裁が28年12月、金融機関にある金剛保険の預金約1億3000万円の差押えを執行しようとしたところ、約50口座から約8000万円が引き出されていた。資産を移し、差押えの執行を妨害した疑いが持たれている。朝鮮総連破産は組織全体に決定的ダメージを与えるので、隠匿された現金を回収する上でも大いに力を発揮する。

債権回収の実効性を高めるための法改正については、和田政宗議員が一生懸命研究している。拉致問題解決のため知恵の限りを尽くしてくれる、頼りになる議員の一人だ。和田議員は、破産申立ては「あり得る」との立場だが、まずは直接の債権回収で改善できることがないか探っている。むろん法改正で100億円の土地を取り上げることができれば、それに越したことはない。筆者も和田議員に期待している。しかし残念ながら、そこまで劇的な法改正はなかなか難しいように思える。仮に可能だとしても、劇的法改正が理解を得られるまで相当な時間がかかってしまう。拉致問題は時間との戦いだ。いますぐ実現できる方策が求められている。

朝鮮総連への破産申立ては、拉致被害者救出の阻害要因除去のためにも必要だ。北朝鮮が拉致被害者を返さないのは、簡単にいえば日本を甘く見ているからだ。「放っておけば日本は拉致を言わなくなる」と分析しているのだ。原因を作っているのは日本だ。

北朝鮮の視点から見るとわかりやすい。朝鮮総連は910億円の支払い命令を無視しているのに、本部ビルに居座り、100億円の土地を堂々と所有できている。日本を甘く見るのは当然ではないか。北朝鮮が日本に向ける主要な関心は「カネ」である。そのカネに関わることで侮りを受ける行動をとれば、すべてについて侮られる。バカにされることをすれば、バカにされるのだ。北朝鮮から見れば、1兆3453億円もの大金を巻き上げられて破産申立てひとつしない国が、拉致被害者救出を諦めない「はずがない」。筆者が北朝鮮の分析担当者でも同じ結論を出していたかも知れない。我が国が送っている誤ったメッセージが、拉致被害者の帰国を妨げている。一番弱い立場の同胞が犠牲になっている。

破産申立ては「今までの日本と違うぞ」という強烈なメッセージとなる。真の交渉はそこから始まる。

信義にもとるといわれないため

我が国はアメリカとともに、世界各国に北朝鮮との国交断絶を働きかけてきた。その成果か、いくつかの国が北朝鮮大使の追放に踏み切った。そして平成30年1月にヨルダンは北朝鮮と国交断絶した。安倍総理は5月にヨルダンを訪問してアブドラ国王と会談し、国交断絶に踏み切ったことを評価した。両首脳は北朝鮮の完全な非核化を実現するまで最大限の圧力を維持する方針を確認した。

国交断絶というのは大変なことだ。たとえば日本政府は、シリア政府による化学兵器使用を強い表現で非難したが、シリアと国交断絶していない。東京・赤坂にはシリア大使館があり、筆者も拉致問題を説明するため訪れたことがある。シリアは戦争犯罪を続けるが、国交断絶が計画されている話は聞かない。またシリア・北朝鮮以外にもイランとスーダンがアメリカ政府のテロ支援国家リストに掲載されているが、日本は国交を続けている。スーダンはともかく、イランとの国交断絶は考えられない。我が国はたいへんなことを世界各国に要請しているのだ。制裁履行要請とはレベルが違う。

そのいっぽうで我が国が「事実上の北朝鮮大使館」である朝鮮総連を黙認したならば、大使追放や国交断絶に踏み切った国から「話が違うぞ」といわれてしまう。事実上の北朝鮮外交官である朝鮮総連国際統一局幹部が議員会館を闊歩している姿をみたら、ヨルダン外交官は衝撃を受けるだろう。他国に要請しておきながら、自国は事実上やらないなどあり得ない話だ。信義を重んじる日本人がやることではない。日本の信用を守るためにも、すぐに破産申立てをして「事実上の北朝鮮大使館」を潰したといえるようにすべきだ。

日本は国交断絶だけでなく、対北朝鮮制裁履行も各国に働きかけている。安倍総理は平成

29年9月20日に国連総会で演説し、「北朝鮮にすべての核・弾道ミサイル計画を、完全な、検証可能な、かつ不可逆的な方法で放棄させせなくてはなりません。そのため必要なのは，対話ではない。圧力なのです」と力強く訴えた。

しかし日本の独自制裁はカナダに比べて甘いし、アメリカと比べたら大甘である。諸外国から誠実さを疑われてしまう。

この点については誤解がある。ある影響力ある識者が「わが国は世界で最も厳しい制裁をすでに実施している。全ての貿易を止めているのはわが国だけだ」「制裁を下ろす協議を行う段階だ」と新聞紙上で主張したが、事実誤認である。日本国民の生命が関わる政策は、正しい事実認識に基づいて議論されなければならない。

まずカナダの制裁だが、対北朝鮮制裁法の第2条で輸出を、第3条で輸入を禁止している。つまり輸出入両方を禁止していて、日本同様すべての貿易を止めている。そして第4条から第8条で、投資、金融サービス、技術支援、北朝鮮船舶および航空機の寄港およびトランジットを禁止し、第9条で「第2条から第8条で禁止された行為を行うこと、幇助すること、促進すること、または行い、幇助し、促進する意図で行うすべての行為を禁止する」と定めている。日本の制裁は抜け穴があるが、カナダ制裁法は細かく禁止事項を並べているうえ、法の趣旨に反するすべての行為を禁止している。日本より厳しい。

筆者は北朝鮮に投資予定だった香港企業にカナダ国籍の役員がいることを発見し、カナダ制裁法に基づき告発したことがある。国外犯も処罰対象なのだ。

アメリカは、大統領令13570号で北朝鮮からの輸入を、13722号で輸出を禁止しており、日本・カナダ同様に全ての貿易を止めている。日本と大きく異なるのは、大統領令13687号と13722号で北朝鮮政府・朝鮮労働党と傘下組織・当局者の資産凍結を定めていることだ。朝鮮総連の高級幹部は全員該当者である。つまりアメリカ大統領令が日本で施行されたら、朝鮮総連は全資産凍結、幹部も個人資産凍結である。制裁の厳しさは日本の比ではない。

日本はせめて、朝鮮総連への破産申立てを今すぐやるべきだ。友好国に合わせる顔がない。

売国議員が炙り出される

朝鮮総連の破産は、我が国の政治を根底から変える可能性がある。戦後70年以上たって、やっと「国を売ることはいけない」という当たり前の常識が通用する国に生まれ変わるかも知れない。

朝鮮総連の政界工作について、張龍雲氏は次のように書く。

多くの日本人政治家は朝鮮総連によって手なずけられている。旧社会党の幹部や書記長クラスは当然のこととして、朝鮮総連はかなりの国会議員に賄賂を贈るように指示している。そして実際贈ったすべての国会議員が受け取ったといわれている。（『朝鮮総連工作員』）

むろん国会議員が朝鮮総連からカネを受け取ることは、政治資金規正法違反の犯罪だ。決定的な弱みを握られることを意味する。

仕掛ける側は弱みを握ることも目的なのだから、当然証拠を残しているだろう。カバンや壁の1ミリ程度の穴から動画撮影するための「ピンホールレンズ」は数万円で買うことができる。実は筆者も、友人の中国民主派活動家にプレゼントするため専門店で買ったことがある。画像は鮮明だった。

破産申立ての話が盛り上がれば、朝鮮総連は子飼いの議員に「何が何でも潰せ！」と指令を出す。すると取ってつけたような理由で「破産は日本の国益に反する！　絶対にダメだ！」と主張しだす議員が次々と現れる。中にはもっともらしい理由が思いつかず、泣いてみせる議員も出るだろう。「自分は朝鮮総連にこれほどまで同情する心優しいイイ人なんです！」という猿芝居である。民主党政権時に、朝鮮学校への公的資金投入を進める理由を問い質され、泣いてみせた議員がいた。この議員の場合は鳩山由紀夫首相の歓心をかうことが目的だったようだが、いずれにせよ腐臭が漂う。

そして破産が実現したとき、朝鮮総連は「この役立たずの詐欺師め！」と激怒して、秘密を全部暴露するだろう。売国議員がペコペコ頭を下げながら札束を受け取ったり、変態プレイに興じたりしている隠し撮り動画が、毎週のようにお茶の間を賑わせたら面白い。政界は蜂の巣をつついたような大騒動になる。辞職する議員が次々と出るだろう。逮捕者だって出る。憲政史上最大の事件になるかも知れない。

大歓迎である。心からやってほしいと思う。売国議員を葬ることに関しては、破産後の朝鮮総連と日本国民は完全に利害が一致する。北朝鮮に国を売るような議員は、中国にだって売っているだろう。中国のスパイも同時に排除できるのだ。

我が国に計り知れない災厄をもたらした朝鮮総連だが、最後に一つだけ良いことをさせようではないか。

スパイ防止法制定を後押し

破産申立てで朝鮮総連が示す激烈な反応は、これまで難しかった施策の実現や法改正、新法制定を導く。国民が朝鮮総連の真の姿を知ることで、対策を求める世論が澎湃として起きるだろう。目を覚まさせてくれるのだ。

まずは山田賢司議員が提唱しているテロ資金提供処罰法の改正である。内容としては、拉致や核・ミサイル開発等の北朝鮮当局による特定有害活動を容易にする目的で、資金または実行に資するその他の利益（土地、建物、物品、役務その他）を提供した一次協力者（朝鮮総連）を厳しく処罰するとともに、一次協力者の北朝鮮支援を容易にする目的で利益を提供した二次協力者も、その他の協力者も厳しく罰する改正案である。

山田議員の改正案をぜひとも実現する必要がある。実は朝鮮総連を破産させても、「第二総連」「新生総連」といった後継組織の設立は阻止できない。憲法第21条で保障された結社の自由があるからだ。二の矢、三の矢が必要だ。

筆者が破産を提唱するのは、もっとも実現が容易だからだ。というより、いまだ破産「させていない」ことが逆差別なのだ。日本人の組織が朝鮮総連と同じことを行えば、破産申立てはおろか、あらゆる法令を駆使して徹底的に取り締られていたことは間違いない。破産は、逆差別をやめるだけの簡単な話だ。

残念ながら、山田議員の改正案が実現するほど世間の理解は深まっていない。そこで一番ハードルの低い破産申立てを最初に行い、朝鮮総連の激烈な反応を報道で国民に知ってもらい、法改正の世論を盛り上げる2段階方式が現実的である。

同様に松原仁議員が提唱する、朝鮮総連幹部を反社会的勢力と規定して金融取引等から排除する策も強力だが、すぐに実現できる状況にない。やはりまずは破産申立てである。

売国議員が次々と暴かれ、朝鮮総連構成員が暴動を起こせば、スパイ防止法の必要性も広く認識されるだろう。いまは一部の教養ある層が求めているだけだ。ある国会議員にスパイ防止法の話をしたら、「平和安全法制でアレだもん。難しいよ」と言われたことがある。確かにスパイ防止法制定は現状では厳しい。

北朝鮮の金王朝が崩壊しても、中国の脅威が無くなるわけではない。我が国はこれから国家存亡の機に直面する。敵国のスパイを排除できるかどうかに国家の生死がかかっている。朝鮮総連を破産させ、スパイ防止法制定を実現すべきだ。日本をチベットやウイグルにしてはならない。

あとがき

平成14年のお誕生日に際して、皇后陛下におかせられましては拉致被害者や家族への思いを発表あそばされた。

悲しい出来事についても触れなければなりません。

小泉総理の北朝鮮訪問により、一連の拉致事件に関し、初めて真相の一部が報道され、驚きと悲しみと共に、無念さを覚えます。何故私たち皆が、自分たち共同社会の出来事として、この人々の不在をもっと強く意識し続けることが出来なかったかとの思いを消すことができません。今回の帰国者と家族との再会の喜びを思うにつけ、今回帰ることのできなかった人々の家族の気持ちは察するにあまりあり、その一入《ひとしお》の淋しさを思います。

16年後の平成30年のお誕生日に際しては、次のように述べあそばされた。

陛下の御譲位後は、陛下の御健康をお見守りしつつ、御一緒に穏やかな日々を過ごしていかれればと願っています。そうした中で、これまでと同じく日本や世界の出来事に目を向け、心を寄せ続けていければと思っています。例えば、陛下や私の若い日と重なって始まる拉致被害者の問題などは、平成の時代の終焉と共に急に私どもの脳裏から離れてしまうというものではありません。これからも家族の方たちの気持ちに陰ながら寄り添っていきたいと思います。

「かたじけなさに涙こぼるる」とはこのことだろう。

皇后陛下のお心を安んじ奉ることができず、救出運動に関わる者として慚愧に堪えない。とにかく打てる手をすべて打つ必要がある。その中でも朝鮮総連への破産申立ては、今すぐできるうえ効果抜群の策で、なんとしてでも実現したい。ご賛同いただける方は、首相官邸ホームページの「ご意見・ご感想」から総理宛に破産申立て要望をお送りいただけるとありがたい。文章は1行で十分だ。1分で送信できる。国民の支持は、総理が決断を下すための大きな力となる。

最後に本書の執筆にあたり、時代のタブーに立ち向かう出版社・展転社の藤本隆之社長と荒岩宏奨編集長にたいへんお世話になった。心から御礼申し上げたい。

平成30年10月

加藤　健

参考文献

本書で出典を挙げたもの以外に、政府、産経新聞、読売新聞、日本経済新聞、毎日新聞、朝日新聞、ＮＨＫ、東京新聞、朝鮮新報、セセデが報じた事実を引用した。

様々なご教示をいただいた皆様に感謝申し上げる。

加藤健（かとう　けん）

アジア調査機構代表。昭和４４年愛知県生まれ。学習院大学卒。夜間大学院で経営学修士取得。拉致被害者救出のための政策提言や、北朝鮮の外貨資金源潰し、制裁破り告発等を行う。国営高麗航空の寄航差し止めなどの戦果を挙げる。

朝鮮総連に破産申立てを！
血税1兆円以上が奪われた

平成三十年十二月八日　第一刷発行

著　者　加藤　健
発行人　藤本　隆之
発　行　展　転　社

〒101-0051　東京都千代田区神田神保町2-46-402
TEL　〇三（五三一四）九四七〇
FAX　〇三（五三一四）九四八〇
振替〇〇一四〇―六―七九九九二

印刷製本　中央精版印刷

ISBN978-4-88656-468-9